【文庫クセジュ】

アラブ音楽

シモン・ジャルジー著
水野信男監修
西尾哲夫／岡本尚子訳

白水社

目次

序章　アラブ音楽、あるいはイスラームの音楽?――― 7

第一章　歴史のなかのアラブ音楽――― 12

Ⅰ　起源　12

1　伝説と神話　13

2　イスラーム以前のジャーヒリーヤ時代（五〇〇―六二二年）　18

Ⅱ　イスラームの状況――古典音楽の形成と発展　21

1　イスラーム文明での音楽の位置　21

2　初期イスラームにおける音楽　24

3　ウマイヤ朝時代（六六〇―七五〇年）　27

4　アッバース朝カリフ期の黄金時代（七五〇―一二五三年）　43

5　アンダルシアの革新　57

第二章　アラブ音楽の原理と特徴 —— 59
Ⅰ　アラブ音楽と西洋音楽　59
Ⅱ　音階法、旋法、リズムの体系　70
第三章　近代の復興運動とアラブ芸術音楽 —— 88
Ⅰ　伝統的形式と、十九世紀ヨーロッパの影響　94
Ⅱ　近現代楽派　102
1　エジプト　102
2　レバノン　113
3　イラク　114
4　アラビア半島と湾岸地域　118
5　イエメン　125
6　マグリブ　126

第四章　民衆音楽 129
Ⅰ　アラブの音楽言語の二重性 130
Ⅱ　特徴 133
Ⅲ　ジャンル 136
Ⅳ　テーマ 142
第五章　楽器 150
Ⅰ　古典音楽の楽器 152
1　弦楽器 152
2　管楽器 156
3　打楽器 157

Ⅱ　アラブ民衆音楽の楽器　159
1　弦楽器　159
2　管楽器　160
3　打楽器　162

訳者あとがき　165
参考文献　*x*
索引　*ii*

序章　アラブ音楽、あるいはイスラームの音楽?

「アラブ音楽」という用語を使うと、ある種のあいまいな状況を招くことになる。この用語によって、「アラビア語とイスラーム文化という二つの基本軸によって構成される一つの文明の歴史的表現」を表そうとするのであれば、その用法は正しい。しかしながら「アラブ音楽」とは「民族的にはアラブ人、地理的にはアラビア半島に固有の音楽と定義された芸術の形」と考えるのであれば、それは適切ではない。「アラブ音楽」という用語は、多様でときとしてまったく異なった美学的、民族音楽的な事象を対象としているのだが、アラビア語を根源とした主たる表現形式、つまりイスラーム[1]が表面に出てくることで一つにまとまっているように見えてしまうからだ。

アラブ・イスラーム文明は、メソポタミア、エジプト、アッシリア・バビロニア、インド・イラン、

(1)〔訳注〕本訳ではイスラム教を指す用語として「イスラーム」をあてる。それに応じてイスラム教徒は「ムスリム」とする。

そしてビザンツなどの古いオリエント文明の流れをとりこみながら大きなまとまりを形づくってきた。オリエント文明としてのイスラームは、これら古い文明の集合体であることを自認している。

アラビア語は、ペルシア湾から大西洋、インド洋からコーカサス地方や中央アジアに至る地域の人びとにとっての文化的な共通項となった。イスラームの宗教と文明は、地中海地域とインド・イランに分断されていた二つのオリエント文明を、同じような思考様式、感性、生活様式のもとに融合させている。イスラームは、支配領域をはるかに超えてアジアの果てまで影響をおよぼし、東西ヨーロッパや西洋世界にまで広がっている。

こうして「アラブ的なもの」と「イスラーム的なもの」のあいだで、あいまいになりやすいアイデンティティが出現することになった。音楽に関する言語表現の分野では、この現象が顕著になっている。「アラブ音楽」と、「イスラームもしくはイスラーム世界の音楽」は、混同されることもあればまったく別の二つの音楽文化として考えられることもある。したがって本書では、早い段階で両者の定義を明確にしておこう。

イスラーム世界の音楽はアラビア半島で誕生し、基礎となる言葉の使い方と基本的な音楽の形式をこの地域で発展させた。その意味では「アラブ音楽」「イスラーム音楽」には共通点がある。しかしながらイスラームは、独自の言語と文化を伝えながら、地中海世界やイランをも含む中東[2]地域全体で単一の文明を形づくってきた。その文化的な影響は、アラブ世界、アラビア語圏の地域と民族、さらにはイスラーム世界をも超えて広がっている。

音楽表現の分野では、アラブ人あるいはアラビア語を話す人びとの芸術、トルコやイランの芸術をまとめる一つの基準がある。この基準は、主にイスラームの芸術音楽に見いだされ、言語や文化を異にするアラブ人、トルコ人、イラン人が同じ基準のもとにまとまっていることもある。このような基準の重要性は、イスラーム芸術音楽を代表する偉大な古典理論家の名が今でも引きあいに出されることを見ればわかるだろう。

ファーラービー（アルファラビウス）による音楽理論に言及する人びとのなかにはアラブ人やトルコ人がいるし、イブン・シーナー（アヴィセンナ）の理論を拠り所とする人びとのなかにはイラン人、トルコ人、アラブ人がいる。イブン・シーナーの音階理論は主にギリシアから取り入れたものだが、マカーム（旋法）の形式と構造の一部はペルシア起源であり、アラブ人、トルコ人、イラン人であっても、ペルシア語によるマカームの名称（ラースト、セーガー、チャハールガー、ナハーワンド、ノウルーズなど）を使用している。逆にリズムに関してはアラビア語由来の名称（ラマル、サキール、ハフィーフ、バスィート、ダーリジュなど）が使われている。このような現象は楽器学の分野では顕著であり、イスラームが根づいた地域であれそうでない地域であれ、基本的な楽器はインドや中国に至るまであまり変化してい

（2）〔訳注〕フランス語では「近東」にあたる語が使われているが、本訳では「中東」をあてる。

ないようだ。

　このように地政学的条件は、音楽に関する文明的な統一性を促進するのと同時に、多様性の要因ともなっている。ある民族集団が征服されたり、生活環境の変化に応じて民族性の針路を変更したりした場合でも、以前から受け継いできたものを捨てるとは限らないからだ。このような地域的あるいは民族的な独自性は、民衆的エッセンスを核とする音楽言語のなかにはっきりと現れている。この領域は民族音楽学に属しており、豊かで複雑な世界を生みだしてきた。ただしこの領域を、これまでにさんざん議論されてきた古典音楽と同じ俎上に乗せてしまってはならない。この問題はあまりにもたくさんのテーマにかかわっており、それぞれを個別に扱う必要があるが、入門書である本書では一つの章しか割くことができなかった。

　このような多様性はイスラームの古典音楽にもあてはまり、その基層にある民族的な特徴が民衆音楽（大衆音楽）[3]においても顕著に認められる。伝統的なイスラーム世界を構成する民族集団は言語から見て大きく三分されており、いまみてきたような多様性が音楽表現の発展に際立った痕跡を残しているからだ。したがって現代の私たちも、アラブ音楽、トルコ音楽、ペルシア音楽に対してそれぞれを区別しながら分析する必要があるだろう。

　本書では基本的に、厳密な意味でのアラブ音楽にかかわる事柄を扱うことになる。

(3)〔訳注〕musique populaire(あるいは populaire)の訳語としては、「民衆音楽」「大衆音楽」、場合によっては「民俗音楽」などが日本語として相当するが、「大衆(的)」という概念が近代以降に出現したものであるということに鑑み、同語が使われている文脈に応じて訳し分けることとする。ちなみに「民衆(的)」という言葉自体も近代以降の文化論のなかで設定されてきた傾向が強いので、本訳では単に「人びと(の)」と訳すこともある。

第一章　歴史のなかのアラブ音楽

Ⅰ　起源

アラブ音楽の起源については、神話や歴史、宗教、音楽理論などのさまざまな学術分野にわたってデータが散在しているため、確固とした足取りで歴史の流れをたどろうとすると踏み迷うことになる。

アラブ音楽の起源を探るには、三つの流れをさかのぼらなくてはならない。この流れはアラブ音楽という本流に到達するまでに、重なりあい、同時進行し、ときには分裂してしまう。この流れをたどるための水先案内をしてくれるのが、神話や聖書、テーマや年代に沿って編まれた歴史書、音楽理論書だ。これらの情報源を単独あるいは複数で使いこなさなくてはならない。今もなお実践されている口頭伝承も私たちの探求を助けてくれるだろう。

1　伝説と神話

音楽理論の学者とは異なり、一部のアラブ年代記作者たちは宗教的、魔術・神秘的なもののなかに音楽の起源を求めてきた。多くの伝承が、象徴的な言説と神話から音楽が生まれたことを語っている。

アラブ音楽の起源についても、多くの古代人の音楽がそうであったように呪術とは不可分な関係だった。歌（インシャード）と詩（シウル）は一体化しており、神聖で目に見えない力から生みだされた超自然的な存在だった。詩人でもある歌手は単なる美辞作家や朗唱家ではなく、不可視なものを見る幻視者であり、精霊や神的存在と対話する預言者でもあった。イスラームが興る以前（ジャーヒリーヤ＝無明）のアラビア半島では詩人兼歌手が、神の名のもとに託宣をするカーヒンやアッラーフ（巫者や呪術師）、あるいは何かにとりつかれて精霊や神の言葉を話すマジュヌーン(1)と混同されることもあった。彼らによる神託は短く簡潔で暗喩に満ちており、古風な文体で表現されていた。これらの神託は神秘的で呪術的な聖性を強調しやすいリズムや拍子、厳粛な朗唱と結びついていた。その典型例となるのがコーランであり、サジュウ体と呼ばれる韻を踏んだ律動的な散文で構成されている。

このような観点に立てば、音楽の理論自体が哲学であり神学なのである。

（1）〔訳注〕アラビア語で「ジン（魔人）に憑りつかれた（者）」という意味。現代語では単に精神異常者を指すこともある。

アラブ人著作家たちは古い文明のなかに見いだされるこのような前提に基づき、セム的な世界とインド・ペルシア的な世界の双方が伝えてきた複数の伝承をまとめたと考えられる。

A）セム系の伝承

歌や音楽の起源を解説しようとするアラブの歴史家は、セム系の伝承である聖書の物語や聖書外典、あるいはそれらに類似した物語を引用することが多い。これらの物語の筋は少しずつ異なっているが、その根底には中東地域の諸民族に共通する口承の要素がある。

これらの伝承では、「音楽」という言葉の起源を次のように述べている。

《モーセは神とシナイの砂漠で出会った。ガブリエルが来て彼に言った。お前の杖で岩を叩け、と。十二箇所から水が湧き出てきて、それぞれが異なる心地よい音（サウト）を鳴らしていた。これらは古典音楽の十二のマカームの基となった。そして、ガブリエルはイスラエルの子らに飲ませようと、次のように命じた。「モーセよ、飲み物を与えなさい Yā mūsā sqī」。これらの二語が結びつけられ、アッラーによって啓示された芸術の呼称である Mūsīqī（音楽）という言葉が生まれた》

このような伝承に沿って、七人の預言者に七つのマカーム旋法が割り当てられた。その結果、アダムはマカーム・ラースト、モーセはマカーム・ウッシャーク、ヨセフはマカーム・イラーク、ヨナはマカーム・マーワラー・アンナフライン、ダヴィデはマカーム・フサイニー、アブラハムはマカーム・ヒジャーズィー（ヒジャーズ）、そしてイスマイルはマカーム・ナワで歌うことになった。この七旋法から他の五つが生まれ、黄道十二宮《こうどうじゅうにきゅう》と同じ数の十二の旋法ができた。

このように神聖な起源を持つ音楽は、最初の人間であるアダムの創造ともかかわっており、次のような物語が伝えられている。

《アダムを粘土で作った後、アッラーは生命を吹き込むために魂を入れようとした。しかし、魂はそれを拒否した。なぜなら、魂は天上のものであり、アダムは物質から創られたからだ。アッラーは、一人の天使に型に入るように命じた。天使は入った後、マカーム・イザルで歌い始めた。魂はそれに魅せられ、今度は自分が体の中に入っていった。魂が体に入ると、天使はそこから出て行った。天使の声が止まったので、魂は体から出て行こうとした。しかし、アダムが魂を通じて歌いだし、それによって恍惚となった魂は、最終的に体の中にとどまることにしたのである》

音楽の神聖な起源を見れば、声と歌が重要視されたことが理解できよう。楽器の起源についても、聖書にその源泉を見ることができる。

《アッラーはカインの末裔に、楽器を作る能力を与えた。レメクはリュート（ウード）を、トゥバルは太鼓（タブル）を、ディラールはハープ（ミズハル）を、ロトの人びとはパラドール（タンブール）を作った……》

B）インド・ペルシアの言い伝え

アラブの年代記作者によればインド・ペルシアにおける音楽の起源は宇宙と結びついており、天体と自然のすべての要素が音楽と密接にかかわる自然の枠組みを構成している。宇宙の神秘的表象においては二つの創造原理である善神と悪神がともに歌い、神の一部である音楽があらゆるものに命を吹き込んでいる。

天体は人間を影響下に置き、音楽でも重要な役割をになっている。黄道十二宮はそれぞれが十二のマカームの一つに対応しており、風、火、水などの元素、数字、アルファベット文字との対応が神秘的な寓意のもとに体系化された。

歴史家のアブド・アルムウミン・アルバルヒーは次のように書いている。

《マカーム・ラーストは、気質としては火、星座としてはおひつじ座、時としては金曜日の第三の天空における金星に対応する。マカーム・ウッシャークは、気質としては水、星座としてはふたご座、

時としては水曜日の第二天空における水星に対応する》

次に、ギリシアの影響下で生じた伝承を見ておこう。

C）ギリシアの言い伝え

アラブの歴史家は、ギリシア神話が語るエートスの理論に注目し、マカームがもつ性質（タブウ）はさまざまな気候帯の条件や人間の精神生理学的状態に対応するものであるとした。それぞれの旋法が、《熱、冷、湿、乾の性質を生みだすと同時に、喜び、悲しみ、平静といった魂の状態にも結びつくのである……》。

このように中東においてはギリシア的、セム的、ペルシア的な文化環境が混在しており、歴史家はさまざまな伝承を組み合わせながら古代以来の諸理論を総合した。時代の子としての歴史家たちは、音楽がもたらす恍惚を神の配剤のなかに求めようとしたのであり、歴史的あるいは科学的な説明を試みたわけではなかった。

古い年代記には歴史や科学にまつわる説明が皆無というわけではないが、今は、口伝に重きを置く文明の領域をさぐることに専念しよう。このような文明においてはあらゆる事象が現実的な権威のもとに実践によって持続しており、とりわけ音楽の分野ではその傾向が著しい。イスラーム勃興以前のアラビア半島でも状況は同じだった。

2 イスラーム以前のジャーヒリーヤ時代（五〇〇―六二二年）

ジャーヒリーヤ時代[2]、つまりアラブ人がアラブ・イスラーム帝国を興して歴史の檜舞台に登場する以前、音楽がどのようなものであったのかについては、文字資料が伝世していないために類推や仮定の域にとどまっている。

イスラームが興るまでのアラブ人は、部族制度に基づく生活を送っていた。しかし、イスラーム以前からアラブ人は詩作に長けており、今日から見ても称賛に値する完成度の高い作品を生みだしていた。詩は、リズム、抑揚、アクセントの強弱、音節の長短の構造を兼ね備えており、すでに音楽であった。つまり、ジャーヒリーヤ時代の詩の朗唱あるいは吟唱の定義は、「詩を歌う」（Anshada al-Shi'r）あるいは「歌われる詩」（インシャード：al-Shi'r al-Ghinā'ī）ということになる。

「歌われる」すなわちインシャードとは、どういうものだったのだろうか？　インシャードとは、アラビア語による韻を踏んだ散文と韻律をもつ詩のリズム形式であり、歴史家によれば、キャラバンが砂漠を行くときのテンポやリズムといった動作に、最初のインスピレーションを得たものらしい。ベドウィン（アラブ遊牧民）は本能的に、「延々と続く砂漠を進むラクダの単調な揺れを刻む」ように歌うのだ。ラクダ引きが歌うヒダーまたはフダー〔先導歌〕は、メロペ〔単調な歌〕やカンティレーナ〔歌うような旋律〕

のようなものだった。初期のころの旋律は、古代の音楽の例に漏れず限られた音域で歌われていたと思われ、短三度、ときには四度の音程が延々と繰り返されたのだろう。私たちの耳には単調に聞こえるかもしれないが、歌い手によってタラブ〔美的歓喜、情動〕が生起され、素朴な芸術がもつ至高の喜びを放出していたと思われる。リズム自体は単純であり、長短の音節、強弱のアクセントで作られた詩の律動にしたがっており、かなり自由に演奏された。これは今日でも、ベドウィンのヒダーに確認できる。

この原始的なカンティレーナとならんで、宗教的ダンスや魔術の呪文のための音楽があった。これはいきいきとした規則正しいリズムによる音節的な歌であり、タフリール〔決まり文句〈ラー・イラーハ・イッラー・ッラー〉を繰り返す歓呼の叫び〕による宗教歌がその代表だろう。このような歌は、イスラーム以前にはカアバ聖殿周辺の季節儀礼で使われていた。儀礼の性格からすると、この歌には打楽器であるタンバリンの伴奏があったと思われる。タンバリンは女性によって奏でられることが多く、イスラームの歴史家によればアラビア半島にいた異教徒の占い師と思われる女性たちが使っていたようだ。この慣習はムハンマドの出現まで続いた。歴史書には次のように記されている。

《メディナでは、ミナーの儀礼の際にモスクと預言者の前で、巡礼の犠牲を記念してタンバリンを

（2）〔訳注〕アラビア語でイスラーム以前の時代を指す。日本語では「無明時代」と訳される。

奏でる女性歌手がいた。……》

今でもアラブ民衆歌謡のなかにはこの形式が見いだされることから、アラビア半島の音楽の根源は本質的に民衆的であり、後にアラブ芸術音楽とされるものとは何の関連もないということが理解できるだろう。アラブ芸術音楽は、主にペルシアとビザンツ帝国の大都市からインスピレーションを受けたと思われ、そのような地域から連れてこられた女奴隷（カイナ）が歌ったジャンルが歴史書に記されている。イスラーム以降になると、アフリカだけではなくペルシアやビザンツ帝国下の諸都市出身の奴隷が増えた。これらの奴隷が楽器演奏にたずさわり、さまざまな音楽ジャンルを創り出したことがわかっている。このような事態が、今日までアラブ音楽言語を特徴づけるいわゆる二言語変種併用(3)を生みだすことになった。十世紀アンダルシアの文人イブン・ハズムが書き留めた古い年代記には、このような状況を物語っていると思われる記述がある。

《アブー・ムンズィル・ヒシャーム・イブン・アルカルビーは、歌には三つの種類があるという。すなわち、ナスブ、スィナード、そしてハザジュである。ナスブはルクバーン（旅人の歌、キャラバン・ソング）と女奴隷の歌である。スィナードは長い時間をかけ、多くの旋律（メリスマ）から作られた。ハザジュは軽快で魂を活気づけ、おとなしい人間をも興奮させる……》

この記述はあいまいではあるが、少なくとも二つのタイプの音楽について書かれている。一つは専門家による音楽であり、もう一つは宗教や民間の祭りで踊りの伴奏として奏でられる躍動的なリズムの音楽である。古典音楽と呼ばれる音楽は、イスラームの都市文明において育まれたと結論できるだろう。

II　イスラームの状況——古典音楽の形成と発展

1　イスラーム文明での音楽の位置

アラブ・イスラーム文明で音楽が果たした役割を理解するには、音楽がエリート的地位を保っていたことを考慮に入れておく必要がある。イスラーム世界で歴史家・理論家・哲学者たちが文学の次に夢

(3)〔訳注〕英語の diglossia の訳語。書き言葉や話し言葉などの同じ言語の二つの変種が使用される場面や状況が社会的に規定されている社会言語学的状況を指す。アラビア語社会が典型的で、フスハーと呼ばれる文語が標準的言語として、アーンミーヤと呼ばれる口語あるいは地域方言が日常語として場面によって明確に使い分けられている。

中になったものは音楽だった。全部あるいは部分的に音楽を扱った著作は、十七世紀までに三五三書を数えることができる。残念ながら失われたものもあるがほとんどが写本として残っており、今は亡きアラブ音楽研究家のH・G・ファーマーが『アラブ音楽の原典史料』(*The sources of Arabian Music*, Leiden, Brill, 1965)に目録を掲載している。

一般的な西洋人にとってのイスラーム芸術ということになると建築の認知度が高いのだが、最も重要な位置を占めているのは音楽のほうだ。イスラームの音楽は連綿として続く豊かな世界を過去から受け継いでいる。イスラーム世界の膨張に伴い、音楽は諸大陸にまたがるさまざまな地域で用いられていた芸術言語のまとめ役となった。現在、私たちがイスラーム世界の音楽としてひとまとめにしているものは、その音楽に特徴的な独自の構成要素が土着の音楽芸術にとりこまれることによって作られてきたものだ。こうして音楽は、宗教的建築物に見るようにイスラーム文化に固有な要素となった。

さらにもっと一般的な点として、アラブ音楽はギリシア古典音楽と西洋音楽のあいだに一つの段階を提供していることが挙げられる。ヨーロッパ、とりわけスペイン全土における中世の音楽表現の形成に対するアラブ音楽の影響は否定できない。これについては後述しよう。アルファラビウスというラテン語名で知られるファーラービー(九五〇年没)は、偉大な音楽書である自著『音楽大全』中で、古今東西の音楽をめぐる詳細かつ体系的な輝かしい論理を展開している。

歴史家や史料編纂者は、引用や編集をとおしてアラブ音楽を古代文明に結びつけた。したがって、古代オリエントの神話学・占星学・宗教心理学での言説がもとになってアラブ音楽の歴史がまとめられていくことになる。

アラブ人が最古の文明群に属していた大都市を唐突に支配下に置くことになり、すでに高い完成度を誇っていた音楽芸術の形式に接するようになると、アラブ音楽は古拙な状態から洗練されて精緻かつ変化に富んだものへと急速に発展した。この変化の主な担い手となったのは男女の解放奴隷だった。彼らは富裕層や支配階級の集まりにいろどりを添え、カリフの王宮を華やかに盛り上げた。解放奴隷たちは出身地であるペルシア、ギリシア、シリア、アレクサンドリアの音楽をアラブ・イスラーム世界に取り入れただけでなく、アラブ人の言葉と趣味にあうように旋律や楽器を変えていったと考えられる。こうしてカリフの王宮はもちろんのことメディナ、ダマスカス、バグダード、コルドバ、カイロなどの大都市で、ベドウィンの未発達な歌とは一線を画す洗練された音楽が徐々に創り出されていった。

このような発展は一日にして成ったものではなく、アラブ文明の歴史的な変動に伴ってゆっくりと変化し実を結んだ。しかしながらこの過程について知るには、歌手たちについての逸話が記された書に頼るしかない。このような書では、歌手の声質や楽器演奏の腕、歌手本人による作詞能力などが称賛され、その時代のカリフ、王子、貴族との関係が書かれている。

『歌の書』は二十巻以上もある大部の百科事典であり、十世紀に活躍したアブー・アルファラジュ・アルイスファハーニーによってまとめられた。ただし、その時代に存在していたと思われる詩の韻律やリズムについては多少は触れられてはいるものの、記譜法に則った体系的な記述はなく旋律の具体的な姿まではわからない。しかしながら同書中に散見される音楽言語に関する情報を総合していけば、発展史の概略程度は描けるだろう。

歌手たちの伝記をひもときながらアラブ古典音楽の歴史を見ていくと、発展史が大きく三段階に分けられることがわかる。つまり、ヘレニズムとイランから影響を受け、イスラームの枠の中で同化して音楽が展開する発展期（六二二―七五〇年）、こういった融合をとおして実践と理論の体系化が進んだ古典音楽の黄金期（七五〇―一二五三年）、スペインのムスリムに音楽が伝播して刷新と新様式が特徴となる時期（七五〇―一四九三年）である。これに続く中世後期になるとアラブ古典音楽の停滞と衰退が始まって現在にいたっている。これについては別項で扱おう。

2　初期イスラームにおける音楽

ムハンマドの布教とイスラームの誕生は、古代アラビア半島の音楽演奏には何の変化ももたらさなかった。コーランについても、特にサジュウ体と呼ばれるリズムと韻を踏んだ文体によって初期に啓示された章（スーラ）を朗唱する際には、砂漠で歌われていたメロペの方法がとられていたと思われる。いっぽう、ヒジュラ以降つまり預言者がイスラーム第二の聖地メディナに移住した後は、アザーンの形をとった歌に似た祈りの呼びかけが行われるようになった。

歴史書には、イスラームの最初のムアッズィンとしてビラールの名が記されている。ビラールはアフリカ出身の奴隷だった。また、古い巡礼歌だったタフリールは、タルビーヤ〔巡礼儀式の宗教歌〕の形となってカアバの儀式で保持されたようだ。

しかしながら、歌や音楽の演奏を阻止する時期が来る。コーランでは何も語られていないようだが、イスラーム的な視点に立った音楽に対する教義が広がっていった。厳格主義をとるものは、ここぞとばかりに預言者の行いやその教え（ハディース〔預言者の言葉の伝承〕）に従い、音楽を「悪の行為」として非難した。イスラームの法学者は音楽を詩や詩人に結びつけたかったのだろう。というのも詩と詩人はコーランのなかで非難されており、音楽と密接にかかわっていたからだ。しかしながらムハンマドの言葉であるハディースには「悪魔のインスピレーションを得たもの」として歌と音楽を否認するものもあるが、イスラームを称揚する歌手たちを称賛するものもある。

ムハンマドは、ジャーヒリーヤ時代に演奏されたような古い民衆音楽に対しては寛大だったようだ。彼の伝記には、メディナでの若きアーイシャとの結婚式には「タンバリンを叩き、踊る女性歌手たち」がいたことが記されている。この民衆歌謡の形は長く続き、中世アラブの著名人ガザーリーは次のように記している。

《フダーは、アッラーの使徒とその教友の時代においてアラブ人の習慣であり続けた。それは心地

よい音と、規則正しい旋律を伴う詩にすぎなかったが……》

後になると、イスラームには音楽に結びつく善と悪の基準がもたらされた。音楽がアッラーや信仰のためのものならば合法的とされるだろう。そうでなければ、悪の精神によるものであり禁止されなくてはならない。これは、キリスト教における宗教音楽あるいは世俗音楽にかかわる区別概念とほぼ同じものだ。しかしながらイスラームの場合、キリスト教の場合に比べるとこのような区別はほとんどなされていない。

こうして近現代になると、アラブ音楽をめぐる矛盾した現象が生まれることになった。古典音楽がモスクの中や遊行僧や神学者のあいだに囲いこまれていった結果、宗教的役割を担ってきたウラマー〔アラビア語で「学者」を意味し、イスラーム知識人を指す。単数形はアーリムだが、日本ではウラマーが常用〕やムアッズィン〔お祈りの時間を告げるアザーンの呼びかけをする者〕のなかから、伝統的芸術音楽の実践者や保護者が出現するようになった。

イスラームの学者が音楽に投げかけた道徳上の疑念の結果として、近隣地域から連れてこられた男女の奴隷が音楽の主な担い手となっていった。このため、アラブ人は男女問わず音楽に専心することを最たる不名誉事と考えるようになった。この慣習によって音楽家という職業は限られた特定の階層の人びとのものとされるようになり、ペルシア人をはじめとする非アラブ人がアラブ音楽に参入することになった。当然のことながら、アラブの音楽芸術をめぐる言語の基礎を築いた歌手や作曲家は、ほとんどがペルシアやシリア、さらにはアフリカ出身のアラブ人ではない人びとだった。彼らの生涯や芸術はアラブ音楽の歴史と重なっており、アラブ音楽の流れをたどる際の道標となるだろう。

3 ウマイヤ朝時代（六六〇―七五〇年）

七世紀後半になると、ラクダ引きのメロぺとは別の道をたどって独自の発展を遂げることになる歌の基礎ができあがった。イスラームの聖地であるヒジャーズ地方の都市メッカとメディナが、この発展の中心地となった。

このころ、戦場となっていたのはアラビア半島からは遠い場所だった。政治と宗教の中心がシリアのダマスカスに移ったため、前述の二都市は平和に恵まれて繁栄した。穏やかで活気に満ちた生活が保証されるようになると、アラブの上流層や戦争や政治とかかわりあいたくない人びとが都市生活を満喫した。詩や歌の愛好層でもある有閑階級には芸術家も多く、文学サークルや音楽サークルでの活動に熱心だった。彼らは、歌で自分たちを賛美して楽しませてくれる奴隷身分の音楽家をそばに置くために散財した。

アラブ文明ではこのような文芸庇護活動が維持され、古典音楽の形成と発展の要因になった。イスラーム初期の重要人物であるアブダッラー・イブン・ジャアファルをめぐる覚え書きが、この文芸庇護活動について記している。『歌の書』中の一項目には、預言者の従兄弟であったジャアファルが男女を問わず多くの歌手とよしみを通じていたことがとりあげられている。

アラブ音楽芸術をめぐる言語の発展を扱った『歌の書』には先述した二都市で活躍していた奴隷身分の歌手も登場するのだが、確実な証拠史料がないため各人がどのような貢献をしたかについて明らかにすることは難しい。彼らの経歴は逸話として扱われていて年代が不明であり、いくつもの出来事が錯綜している。

芸術性の高い歌を広めたのはメディナにやってきたペルシア人ナシートだったらしい。彼は自らの言葉で歌い、ジャアファルに称賛されている。アラビア語で歌っていたサーイブ・カースィルはナシートの歌を聞き、同じ歌をアラビア語で作りなおした。歴史書にはこう記されている。《サーイブ・カースィルはペルシア語の歌をアラビア語にした最初の人物である……》

ナシートのほかにも優れたアラブ人歌手たちが芸術的音楽の創始者となって表現技法を開拓していった。このような動きの背景としては、メッカやメディナに暮らす解放奴隷や側女のなかにいた名人名歌手から教えを受けることができたという事情がある。イスラーム以前のアラビア半島にいたカイナから教えを受けた女性歌手二人の名も伝わっている。アッザト・アルマイラ〔アッザに同じ〕とジャミーラである。『歌の書』はアッザの肉体美を称賛しており、彼女の知性、声、音楽の才能を褒め称えている。彼女はシリーンやライカという名で活動していた奴隷出身のカイナに師事し、演奏のためにメディナを訪れていた二人のペルシア人歌手、ナシートとサーイブ・カースィルの影響を受けながら独自の芸風を築いていった。

《彼女は彼らの旋律をアラブの新しい曲に適用し、リズムと拍子をもつ（アルムワッカア・ワ・ルマウズーン）歌をヒジャーズ旋法に取り入れた》

イブン・ミスジャフ、イブン・スライジュ、イブン・ムフリズといった偉大な芸術音楽家たちもアッザからインスピレーションを得ている。

この時代のアラブ人が歌や音楽から驚くべき影響を受けていたことがわかるエピソードが残っている。アッザと同時代人の大恋愛詩人ウマル・イブン・アビー・ラビーア（六四四年生）がある夜、彼女の歌を聞いて恍惚（タラブ）となった。

《（ラビーアは）着ているものを破ってしばらく正気を失っていた。我に戻った彼は、品がないことをしたと罵られた。（彼が答えて言うには）アッラーに誓って、私は自分の魂や知性を見失ってしまうような声を聞いたのだ》

最初期の歌手たちはアッザから大きな影響を受けた。一世紀後のアッバース朝時代に活躍した偉大な芸術音楽の指導者、イブラーヒーム・アルマウシリーは彼女について次のように述べている。

《アッラーが彼女に対する幸せな記憶を永続させますように。彼女の歌はどれほど美しく響いたことだろう。声は妙なる調べを奏でていきいきとしており、ウードとカーヌーンの演奏は見事、その顔は美しくて言葉は練られていた。囲む一座の雰囲気は素晴らしく振る舞いは威厳があり心は寛大で信義にあふれていた……》

アッザと同時代に活躍した歌手ジャミーラはアッザより少しだけ若く、アッザとならんでメディナの古典音楽の祖とされている。彼女もまたライバルであるアッザと同じようにペルシア人のサーイブ・カースィルの芸術からインスピレーションを得てアラブ音楽を発展させ、アラブ音楽では最初となる楽派を創設した。

この楽派ではジャミーラの独唱と交替でカイナの一団が演奏し、バックコーラスをつとめることもあった。ジャミーラのメッカ巡礼には百五十人が同行したと歴史書には記されている。ジャミーラ以前、歌は独唱するものであり一定の秩序のもとに合唱するものではなかった。ジャミーラはカイナの一団を率いると、文芸の庇護者であったメディナの名士たちのために演奏会を開いた。ジャミーラ楽団の洗練された魅力的な演奏は、後世になって『千一夜物語』が描き出した詩と音楽による豪華な宴を先どりするものだった。ジャミーラが率いた女性合唱団の演奏は次のように描かれている。

《ジャミーラの合唱団の女性たちは、房にした髪を腰まで垂らして広げ、色とりどりの絹の衣装を着て、宝石で飾られた冠を頭にのせていた。そして、アブダッラー・イブン・ジャアファルに次のような言葉を伝えた。「あなたの寛大さは必ずや私の過ちや大胆さを受けいれてくれるでしょう。そうした非礼を他の人びとに対して弁明するのは、高貴な（預言者の）出自であるあなたの役目なのです。私たちは奴隷であなたたちは主人ではありませんか？　あなたたちに近づいて尊顔を拝するのは幸運ではありませんか？　ですからアッラーの使徒の名にかけて、あなたにのみふさわしいそしてあなたによってのみこの上ないものとなる上演のためにお越しください」。

この伝言を受け取ったアブダッラー・イブン・ジャアファルは、ジャミーラの魅力的な呼び出しに応じざるを得なかった。彼は付き人たちとやってきて、壮麗で美しい演目に夢中になりながら、次のように叫ぶのを抑えられなかった。「おおジャミーラ、お前は私のために、この世で一番美しいものを集めたのだ」。彼女は答えた。「美は美しい人のためにあります。この集まりはあなたのためのものです」。彼女は合唱団を二列に並ばせてその中央に立ち、それぞれにウードをもたせると預言者の家族への敬意をこめて讃歌を歌いあげた。「シャイバの息子、闇夜を照らす満月のようなおかた（預言者）が祝福されますように。その民は最も優れた民であり、その子孫は没落や破滅を知らない王の子孫のようなもの……」》

この一節から、アブダッラーとその客がジャミーラたちの芸術にどれほど魅了されていたかがわかる。この演奏会にはアッザの演奏会にも出席していた詩人ウマル・イブン・アビー・ラビーアも招かれていた。彼は、イスラーム初期の都市にいた文士たちの平穏な暮らしぶりをうかがわせる印象的な場面を書き記している。客たちがジャミーラ一同を囲むと、ジャミーラはウマルが作った恋愛歌を歌いだした。

《彼女は自分のまわりで雌鹿のように戯れる仲間たちに言った。
「私の影をそこにとどめておいて。影が私についてこないように」
彼女はテントの方に走っていった。
彼女は今までどんな男ともキスをしたことがなかった。
着物のしたの彼女はまだ子供のように若くはつらつとしていた!
狙った獲物は逃さなかった。誰であれ射られたものは、逃れることができなかった》

《ジャミーラが歌っているあいだ、そこに居た一同はタラブに陥っていた。彼らは手を叩き足でリズムをとり、叫びながら頭を振った。「お前のためにこの身を捧げよう、ジャミーラ! すべての悪からお前を守ろう……歌声も歌詞もなんと素晴らしいのだろう!」》

《詩人ウマルは叫んだ。「なんという災難だ、なんという災難だ……」。彼は上から下へと無意識に着物を破った。われに返ると心底から恥じて言い訳をした。「アッラーに誓って、私は自分を抑えることができなかった。美しい声が私の自制心を失わせた」。他の客が答えた。「気にするな。私たちもそうだった。正気を失ったのだ。服こそ破らなかったが」。ジャミーラは、みずみずしい果物や干した果物、あたたかい料理や冷たくした料理を盛った大皿、あらゆる種類のワインや酒をもってくるように命じた。彼女は言った。

「どなたであれ、私とともに酒を飲んでくださるかたがたに感謝します。とは言っても、お酒をお飲みにならなくても結構です。それでもそのかたは私たちの客人です。私たちは言葉でそのようなかたを喜ばせ、その言葉を聞いて楽しみましょう」》

カイナの手によって萌芽した古典音楽の枠は、ウマイヤ朝初期の諸カリフの時代になるとペルシアやビザンツ帝国の要素を取り入れながら広がっていった。これを担ったのは、アッザとジャミーラの影響下で育まれた才能ある五人の歌手兼作曲家だった。五人のうち、イブン・ミスジャフ、イブン・スライジュ、イブン・ムフリズの三人はメッカの楽派に属しており、残る二人トゥワイスとマアバドはメディナの楽派に属していた。

メッカ生まれの黒人奴隷であったイブン・ミスジャフは、ムアーウィーヤ一世〔六八〇年没〕の治世に活躍した。彼の初期の曲はペルシア人歌手の影響を受けている。これらのペルシア人歌手は、カアバをはじめとするイスラームの大建築物をてがけた石工や職人として暮らしていたらしい。ミスジャフは、彼らの演奏や調性を取り入れると、《シリアを回ってギリシアやビザンツ帝国の旋律の手ほどきを受け、ペルシアを回って音楽について考えをめぐらせ、ウードの奏法を学んだ》。メッカに戻ったイブン・ミスジャフは、旅の道中で得たものをアラブの好みや気質に合わせていった。《彼は歌のなかで声を張り上げたり、低音から高音へ突然跳躍したりするのを避けた》。

イブン・ミスジャフとその弟子たちは、音楽詩の一形式を導入したようだ。この形式はメロペや長歌を模範とした古典的な朗唱詩〔頌歌〕とは異なった展開をし、ラジャズ〔前イスラーム時代の韻律、ラクダの歩行に対応〕の完成につながった。これは、カスィーダ〔叙情的頌歌〕を重用した古代アラブ人たちが捨てた形式であり、音節ジャンルによる詩的韻律であって容易に音楽のリズムを刻むことができた。規則正しいリズムの律動的な詩作の例から見るに四行詩の形をとっていたらしい。ペルシアに起源があると思われるが、イスラーム時代のスペインで大輪の花を咲かせることになった。七世紀後半の歌手が残したものによると、ラジャズは八音節で〔図1〕のようなリズムを含んでいる。

イブン・ミスジャフの仕事は二人の弟子が引き継いで完成した。二人の弟子とはイブン・スライジュとイブン・ムフリズであり、ともにメッカの出身だった。

［図1］

イブン・スライジュは、ベールで覆われた歌手とも呼ばれており、もとは民衆歌謡の音楽家だった。哀歌（ナウフ）を専門としており、最初のころは地面を叩いてリズムを刻むための棒（カディーブ）を伴奏に用いていた。その後イブン・ミスジャフから芸術音楽を学んで古典音楽に専心するようになり、徐々に民衆音楽からは離れていった。棒を捨てたスライジュはウードを使い、美声に恵まれていたことから長歌（サキール）の優れた歌い手となった。この時代についてよく知るヒシャーム・イブン・アルミルヤは、次のように述べている。

《祈りと救いとともにある預言者ダヴィデ以降、アッラーはギナー〔アラビア語で「歌」全般を指す〕の芸術において、スライジュの美声を持ち、これに精通している芸術家を造ったことはない》

イブン・スライジュは、彼の芸術の精髄を問われると次のように述べている。

《最も良い歌手はギナーにおいて欠けるところがなく、魂を揺さぶる。拍子をとり、言葉を強調し、文章の規則を守る者は息を保って長歌を歌うことができ、短

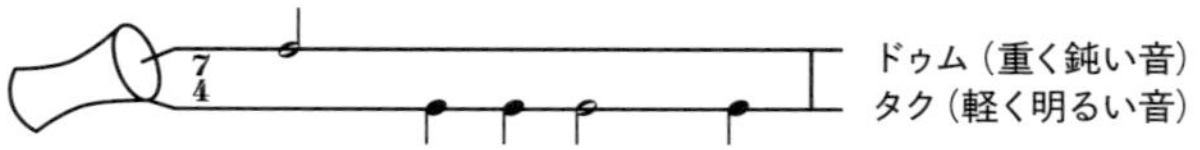

［図2］

い節の歌においても秀でている。そういう人は（ダッフを）叩くことで、さまざまなリズムを巧みな間合いで操ることができる……こうした言葉をメディナの大歌手マアバドに送り伝えたら、彼はこう書いてくるだろう。「もしアッラーが音楽のコーランのようなものを降臨させていたとするならば、それはスライジュにほかならなかっただろう……」》

メッカ出身のイブン・ムフリズもイブン・ミスジャフの楽派に属しており、ギナーを大きく展開させた。イブン・ムフリズは単一脚韻の詩句に閉じ込められていた旋律を豊かにするために、二つ以上の詩句にまたがる旋律を作って厳格な枠から解放した。彼以前のギナーでは音楽のフレーズが二行連句［distique］を超えることはなく、半句［hémistiche］でとどまることさえあり、詩が続くあいだは音楽のフレーズが繰り返されていた。イブン・ムフリズの改革は、彼が創出した新しいリズムに適していた。それはラマルと呼ばれ、古典詩の頌歌の韻律格調から着想を得ており、遅いテンポである。これは［図2］のように体系化される。

イブン・ムフリズはギナーの基本要素を確立した。旋律は詩とは独立してはいるが密接にかかわっており、それぞれに内在する美を手放すことなく完璧な調和を見せる。

そして個々の方向性を保ったままで芸術的存在へと昇りつめていく。このような音楽詩のスタイルは、やがてバグダードの歌手によって完成されることになった。

メディナの歌手たちはメッカの伝統に従いながらも、ギナーの芸術性を高めるために切磋琢磨して技量を磨いた。イブン・スライジュやイブン・ムフリズの同時代人トゥワイスと、少し若いマアバドがヒジャーズにおける古典音楽の旗手となった。

甘い美声の持ち主であった歌い手のトゥワイスについて歴史書は、《イスラームで最初に完成された歌（アルギナー・アルムトカン）を演奏した》と記している。この表現は、これから見ていく大歌手たちの説明にも繰り返して使われることになる。トゥワイスとスライジュは好敵手であったらしく、スライジュが登場する次の話からも二人の関係が読み取れる。

メディナに到着したスライジュは、彼を「世界で一番偉大な歌手」として称揚するメディナの人たちを熱狂させた。トゥワイスがそこを通りかかり、上着の中からタンバリン（ダッフ）をとりだすとハザジュ（最古のアラブ韻律）〔最古のアラブ韻律〕のジャンルの歌をうたいだした。

《「あなたへの私の愛は極限まで昇りつめた。情熱が私の胸を痛める、頰に金のボタンをもつ者のせいで」これを聞いたスライジュは彼に近づいて抱擁すると大声で言った。「アッラーに誓って、〈人類が生みだした〉歌手のなかで最も偉大な歌手がここにいる……」》

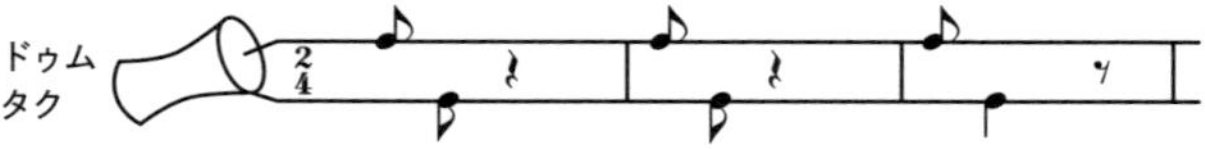

［図 3］

トゥワイスはいきいきとした躍動するようなハザジュのリズムをギナーにもたらした。トゥワイスが得意としたハザジュはダンスにも適していた［図３］。

マアバドは、先人たちから受け継いだ初期の古典歌を完成された技巧と声で表現した。彼は歌手のなかの王子と称された。当時の音楽界でのマアバドの位置づけは、ディオニュソス讃歌を思わせる次の二行詩が要約している。

《トゥワイスとイブン・スライジュこそは、素晴らしき芸術家。マアバドこそは、
さらに卓越した芸術性をもつ》

マアバド自身は誰よりもイブン・スライジュを尊敬しており、若いころに大きな影響を受けていたようだ。混血の奴隷として生まれたマアバドは羊飼いをしていたことがあり、民衆歌謡の歌手をしながら洗練された芸術に行き着いたのだろう。彼はカリフのアブド・アルマリク（在位六八五―七〇五年）のもとで歌手として出発したが、羊飼いだったころに身に着けたフダーのリズム感を忘れなかった。フダーの特徴は、イスラーム以前からアラビア半島で使われてきたカディーブ〔リズムを

打ち出す杖〕という棒を使ったリズムによく現れている。自分の芸術の秘訣について問われると、彼は次のように簡単な言葉で答えた。

《ラクダに乗って棒で鞍を叩きながら歌うと、旋律ができあがるのです》

しかしマアバドの芸術は、彼が語ったラクダ引きのメロぺの技巧よりはるかに洗練されていた。では、先人の音楽と比べた場合、彼の音楽の独自性とはどんなものだったのだろう？　これに対する答えは、あいまいかつありふれたものが一つだけ伝わっている。『歌の書』はマアバド以外の音楽家について詳細に語っているのだが、マアバドについては次のようにしか記していないのだ。

《彼（マアバド）はギナーの技術を身につけていたが、それは先人たちが達することができなかったものであり、後継者が何も足すことができないようなものだった》

マアバドの比類なき歌は聴く者に恍惚状態をもたらし、称賛の的となった。カリフのアルワリード・イブン・ヤズィード（在位七四三—七四四年）もそのような一人であり、マアバドは同カリフの時代に八十歳近くで他界した。ヤズィードは深い感性に恵まれた詩人であり、政治よりも音楽と娯楽を愛した。

ある日、マアバドはダマスカスにあった宮殿での演奏会に招かれた。

《カリフの命で、宮殿の夏の中庭を飾る泉が、麝香《ムスク》とサフランを混ぜた薔薇水で満たされた。カリフは泉の端に座り、その反対側にマアバドを座らせると二人のあいだを隔てるようにカーテンを下ろした。マアバドと二人きりになると、カリフは次の詩を歌うように求めた。

「時代を支配したこの若い人たちはなんと気の毒なことか。

何ごとも彼らの意思によってしか達成することができなかった。

しかし運命の逆境は、彼らが消えるまで襲いかかる。運命とはなんと残酷なことか！

彼らの別れに私は涙し、瞼から眠気が去ってしまった。

恋人たちの別れは、涙の源泉なのだ」

マアバドはこの詩句を歌い始めた。すぐにカリフはカーテンを開け、香りのついたマントを脱ぎ捨て、泉にかがみこんで水を一口飲んだ。彼は座に戻って別のマントを着て、マアバドに別の詩句を歌うように命じた。

「いとしい人よ、なぜ応えてくれぬ？ 恋の病に犯されて、あなたの方に跪いて進み、あなたに声をかけ、あなたのもとを訪れる者に。

通り過ぎるそれぞれの大雲が、あなたに雨を降らせますように！

笑顔の花を咲かせるまで」
マアバドは再び歌い、カリフは彼に一万五千ディナールを与えて言った。「行きなさい。見たことを口外してはならぬ」。彼は答えた。「信徒の長がそのような命を下す必要はありません」》

七世紀末から八世紀半ばまでの時期に、マアバドがアラブ音楽にどのような貢献をしたかについて確認しておこう。彼の伝記からはあいまいなことしかわからないのだが、アラブ音楽史上、最重要な旋法の原形はマアバドによって創られたようだ。この旋法は当時はアスワートと称されており、後にマカームと呼ばれることになる。歴史書によると、マアバドは七つの古詩に相当するものとして、《質の高さ、構成の確かさ、究める難しさから、マアバドの七つの素晴らしい城と呼ばれる七つの旋律（旋法）を創り出した》。

歴史書によれば古典歌謡は、マアバドの手によって誰にでもできるわけではない芸術的な技巧を伴うようになった。ここにいたって芸術音楽は明確な形をとり、古代の民衆的メロペとは区別されることになった。つまり、アラブ音楽の二言語変種併用的な状況がもたらされたということになる。

こうして八世紀の半ばごろになると、古典音楽の輪郭がはっきりしてくる。この時期は、古代アラブの文化から影響を受けていた時代の終焉とも重なっている。とりわけリズムの面では、重要で特徴的な進歩があった。メロペの韻律やイスラーム以前の頌歌（カスィーダ）から離れ、詩的韻律に依存しない旋律のリズムが創り出された。ペルシア人が大勢となった新たな都市空間においては、カスィーダとは別物で音節的な性格が強い詩的韻律形式による軽快でわかりやすいリズムが取り入れられた。ラジャズ、ハフィーフ、ハザジュがそれにあたる。旋律のテーマの革新により、半句[hémistiche]や二行詩[distique]のほかに、四行詩[quatrain]という音楽詩の独自の形式が形成された。アラブ以外の影響のもとにドゥーベート（二つの詩句、四つの半句）と呼ばれる歌が創り出され、やがてオマル・ハイヤームの『ルバイヤート』をもって完成された。

アラブ歌謡はペルシアと地中海のヘレニズム圏から調性と旋法の体系を取り入れるようになり、さらに充実したものになった。この体系はアラブの趣味と性質に合うように改良された。こうして古典音楽が誕生し、現代にいたるまで際立ったものとなっている。旋律についても変化が起こり、初歩的なメリスマの装飾音の採用をとおして声の奥義とも呼べる技巧が形成されていった。

このような変化は楽器にもおよぶことになった。初期の楽器であったカディーブ、葦製縦笛（ミズマール）、単弦ヴィエールの一種で古代アラブ人がミズハルやバルバトと呼んでいたラバーブは徐々に使われなくなり、民族音楽に限られていった。新たに導入された楽器としては、アラブ古典音楽の象徴ともいえる貴族的な響きの多弦リュート（ウード）、十二弦ツィターのミウザフ、枠タンバリンのドゥッフ（ダッフ）がある。しばらく後には、トゥンブールやタンブーラと呼ばれる金属製のマンドリンの一種であるパンドーラに似た楽器、カーヌーン、サントゥール、ケマンチエ（ケマンジエ）などがもたらされた。

アラブ・イスラーム芸術音楽は、西暦七五〇年〔原著では七六〇年〕から始まるアッバース朝カリフの絢爛豪華な治世において繁栄の頂点に達した。

4 アッバース朝カリフ期の黄金時代（七五〇―一二五三年）

ウマイヤ朝が滅亡してアラブ・イスラーム帝国の中心がダマスカスからバグダードに移ったことにより、政治的栄光、経済的繁栄、文明的洗練の時代が幕を開けた。音楽芸術の道も開かれて後代に匹敵するものがないほどの完成の域に達することになる。首都バグダードは世界最大級の都市となり、アッバース朝のカリフ、王子、政治家、名士をはじめとする文芸や音楽の愛好者が芸術を庇護し、才能ある音楽家を支援した。歌手であれ作曲家であれ、名人凡人の違いや男女を問わず音楽家たちの唯一の関心は、完璧な芸術によってカリフや王国の重鎮を喜ばせ、詩や弁舌や音楽による舞台を盛り上げることにあった。このような音楽芸術活動は有閑階級の気晴らしにとどまらず、教養あるカリフや王子の庇護を受けながら人びとを教え諭す役割を担うことになった。こうして音楽は王の栄華に不可欠な権力の象徴となる。たとえば皇太子の任命に際しては、書かれた王令や遺言によってではなく王子たちの面前でうたわれる歌によって承認が行われ、王権の掌握は主に音楽によって示された。

この時代にはペルシア出身の大音楽家二人が、歌の技法と音楽の才能によって音楽の地位を高めた。この二人とはイブラーヒーム・アルマウシリーとその息子イスハークであり、一族からは芸術家が輩出している。

中世アラブ・イスラーム古典音楽の巨匠二人と弟子たちがカリフの宮廷で見せた芸術については、アラブの百科事典や歴史書が熱弁している。アブー・アルファラジュ・アルイスファハーニーの『歌の書』、マスウーディーの『黄金の牧場』、イブン・アブド・ラッビヒの『唯一の首飾り』、そして歴史書ではないが栄華の頂点を極めたハールーン・アッラシードが登場する『千一夜物語』などがその代表例だろう。

イブラーヒーム・アルマウシリー（七四三―八〇六年）は、《地上の楽園》ともたとえられた。マウシリーはマフディーをはじめとするカリフ、とりわけハールーン・アッラシードに厚遇され、食客（ナディーム）のなかでも最も尊敬された人物の一人だった。彼によって音楽は詩と同様に宮廷の儀式の一部となり、高貴な芸術の域に達することになった。

彼の才能の核心には厳格な古典主義があった。マウシリーはこの古典主義をとおして、初期イスラーム時代の歌手がねりあげてきたアラブ音楽のあらゆる技巧を身につけた。彼は先人たちの例に倣い、卓越していたマアバドを深く敬愛して手本とした。マウシリーは、当時まだ残っていた口頭による伝承に対してはその文学的・旋律的な細部や奥深さを尊重するように主張した。ただしマウシリーは、保守主義に隷属した融通の利かない模倣者ではなく、先人からの贈り物に新しい意義をつけ加えて方向性を与えた刷新者だった。この点で彼はアラブ古典音楽の真の父とみなされる。

マウシリーはメッカ出身の先輩であるスィヤートの楽派で教育を受けた。宮廷に出る前はイラク北部のモスル（マウシル）に隠遁していたことからマウシリー〔アラビア語で「モスル出身の」という意味〕と呼ばれており、モスルで歌とウードを修めた。当時の彼を最も悩ませたのは、音楽家が伝統的に不遇な状況にあることだった。マウシリーを含めて当時の音楽家や歌手はワインを好んだため、イスラームの名の下に罰せられている。マフディーとハーディーがカリフだった時代には何度も投獄され、カリフの命により出獄を許された。カリフは法学者による禁止にもかかわらず、マウシリーの歌なしではいられなかったのである。マウシリーは災難の埋め合わせまでしてもらい、カリフのハーディーからたった一日で十五万ディナールを賜った。

ハールーン・アッラシードの世になると（七八五年）、マウシリーはカリフにとって欠かせない存在となり、大君主の余暇のたびに妙技を披露しては満座を魅了した。アッザト・アルマイラの伝統を引き継いだマウシリーは、歌や詩、発声法やウードの奏法をはじめとする技法を教授し、真の伝統を保持するための音楽学校を創設した。この学校の主たる目的は、詩歌の才能に恵まれた美しい奴隷を歌手として育成することにあった。

マウシリーは、古代アラブのカイナが担っていた伝統的役割を拡大し、黒人や混血の歌手だけでなく白人女性にも注目した。白人女性の美しさはアラブ人のあいだで評判を呼んでおり、人材を開拓できる可能性があった。こうしてマウシリーのもとには少なくとも八十名のカイナが集まった。

バグダードでは奴隷出身の歌手が大人気となって市場での奴隷の値段が高騰し、十万ディルハムから数万ディナールにもなった。豪邸を舞台にした宴の場を盛り上げるには、高額であがなったカイナが必要だった。バグダードにおけるカイナの名声は、首都を遠く離れた場所まで響き渡った。カイナに求められたものは「何よりもまず美声、音楽の才、美しさ、次いで知性と文学的才能」だった。マウシリーの女弟子のなかには音楽書に名を残した者もおり、イナーン、ウライブ、ダナーニール、ブスブス、マフブーバといった女弟子たちがマウシリー父子の作品を受け継いでいった。

　マウシリーの芸術の基盤となるのは歌や楽器の技術だけではなく、完璧な音楽的センスだった。ある日、三十人からなるウード奏者の一団がユニゾンで演奏していたところ、マウシリーはきちんと演奏していない者を見つけ出して調弦の外れている弦を指摘した。「彼はウードのコンマ〔小音程〕やタブラチュア〔運指図表〕上の音程を熟知しており、調弦していないウードでも完璧な演奏をすることができたのだが……」。

　マウシリーは、アラブ古典音楽の歌手のあいだで今日でも見られる技法を用いていた。『歌の書』には次のように記されている。

《彼は大部分の曲を高音部の音から始め、旋律はしばしばそこで奏でられる。そしてだんだん低音部に移り、主音にいたる。次に、強くしたり（フォルテ）弱くしたり（ピアノ）しながら、再び高音部へと上がっていっては、再び降りていく。このようにして最後まで続くのだ……[4]》

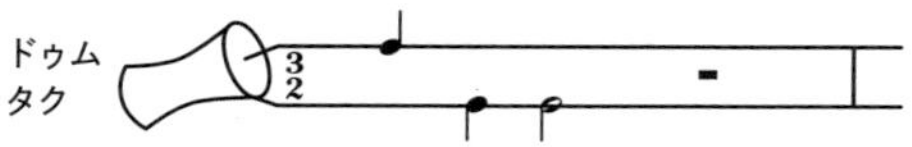

［図 4］

マウシリーはこのような演奏技法に自作の新たなリズムを導入し、旋法とリズムを別のジャンルに分けてそれぞれの体系を完成させた。これはマーフーリー〔古典期のリズム型〕と呼ばれる古典的リズムであり、〔図4〕のような長歌として演奏される。

マウシリーは六十二歳で世を去った。バグダードでは国葬を思わせるような盛大な葬儀がいとなまれた。カリフは涙を流しながら自ら祈りに赴いた。詩人のイブン・サイヤーバが次のような葬歌を残している。

《マウシリーが逝った。彼とともにウードとカイナの微笑みも消えた。
一つだけ微笑みが続くとすれば、それは時代を通じて残るであろうマウシリーの想い出だ。
ウードや楽器が彼を悼む、アティーカの美音で。

（4）ここでマアバドによって始められ、現在は既存のものとなっている抒情詩（ギナー・サキール）がどんなものだったかが明らかになる。

喜びの女性歌手が彼の死を悼む、だが女性のコーラン詠みは彼を悼まない》

歴史書によるとマウシリーは九百を越える曲を残した。息子のイスハークがそのうちの三百曲を受け継いでおり、今もなお傑作とされている。

マウシリーの作品は、並はずれた才能と技能を備えた息子のイスハーク（七六七―八五〇年）によって生まれかわった。《歌手たちの海》と呼ばれた息子のイスハークは黄金時代のアラブ古典音楽を体現する人物であり、父を凌駕する名声を得た。

父の学校で研鑽を積んだイスハークは、当時（八世紀末）の歌の技術に精通したカイナに師事して自らの技術を完成させた。そのカイナは名前をアティーカといい、ウマイヤ朝末期からハールーン・アッラシードの時代にかけての宮廷で活躍した奴隷身分の音楽家だった。歴史書の慣例あるいはイスラームの慣習のために、女性歌手をないがしろにして男性歌手のみに注目する傾向には注意する必要がある。歴史書に記されている奴隷身分の女性音楽家が低い地位に甘んじていたとしても、偉大なイスラーム歌手の多くがカイナを師として才能を開花させた事実は否定できない。

イスハークは、同時代のウードの名手マンスール・ザルザルから教わった楽器に関する知識を歌の技巧に組みいれた。ウードの演奏者でありその製作者でもあったマンスール・ザルザルの名は、今にいたるまでリュートと結びつけられている。ペルシアとアラブに伝来していた二弦リュートに、新しく二弦を加えたのはマンスール・ザルザルだったらしい。マンスール・ザルザルはリュートの筒を長くして共鳴胴を大きくすることで、ペルシアのリュートとは異なる完成度の高い楽器を創り出した。もう一人、イスハークが薫陶を受けた人物としてはバルサウマという縦笛の名手もいた。彼らのおかげでイスハークは歌手としても作曲家としても、完成された技術を習得して音楽活動を展開できたのだった。

アラブ古典歌謡の偉大な名手イスハークは音楽的才能にもまして一般教養や文学的素養をも備えていたようだが、後世まで伝えられたのは音楽家としての名声のみだった。与えられた使命であったとは言えいささか納得がいかないが、『歌の書』は以下のように明言している。

《イスハークの科学の才能、文芸の深い教養、卓越した詩作は、どれほど賛美しても足りないくらいだ。彼はギナーの面で最もその名を知られているが、それは彼の教養のなかでは最も凡庸なものだ……》

このような事情を遺憾に思っていたためかもしれないが、彼の強力な後援者であったカリフのマアムーンはこう述べている。

《私が音楽面での彼の評判を知らなかったならば、彼を官職につけていただろう。彼は他の誰より

もそれにふさわしいからだ……》

歴史書の記述を信用するならば、イスハークの声はさして美しくはなかったらしい。他の歌手に負けないように、彼はファルセット〔裏声〕（タハンヌス）の歌唱技法を習得した。この技法は後に大流行し、現在にいたるまでバグダードでは歌手に必須の技法となった。

この時代にみられたある種のスノビズムを考慮に入れたとしても、イスハークの高い評価は、彼が備えていた二つの美点に由来していたらしい。彼は作曲家として素晴らしい才能をもっており、非のうちどころのない技巧を使いこなすことでギナーのもつ秘伝的な要素を追求することができた。自らも優れた音楽家であったカリフのワースィク（在位八四二―八四七年）は、イスハークの完成度に敬意を表して次のように述べている。

《イスハークが歌うたびに、私は彼が王の権威に新たな栄華を与えてくれるように感じた。彼がイブン・スライジュの歌を歌うとき、私は本人が目の前に蘇っているように感じた。イスハーク以外にも好みの歌手はいるが、彼が歌うと他の歌手が小さく見え、イスハークがほかの歌手たちをはるかにしのいでいるように感じる。イスハークは王権に対する祝福なのだ。もし金で若さと健康を手にいれることができるのなら、わが王国の半分をついやしてでもイスハークに与えよう！》

卓越した技巧の持ち主だったイスハークは、父が構築した調性と旋法の体系を完成させ、独自の作品を生みだした。彼はユークリッドのなかに音階理論を再発見して四弦リュートに適用した。また、リュート用タブラチュアで規程された各分野に応じて厳密な専門用語を創出し、将来のマカームを先どりした体系を定義した。父の方式を刷新し、下降する流れをたどる伝統的な旋律様式を変えて上昇する流れの様式を作った。イスハークが開発した異なる声による表現技法は、後代の歌手が従うべきものとなった。

しかしながらイスハーク最大の功績は、古典主義を確立したことだろう。九世紀後半には旧派と新派の対立というゆゆしき事案が持ちあがった。イスハークは、過去に埋没してしまった保守派とは行動をともにせず、ギナーの伝統のなかにわけいって前世紀の大歌手から受け継いだ遺産をそのままの形で保ちながら独自の作品を生みだしていった。イスハークにとっての最高の手本はマアバドであり、彼が残した多様な旋律は歌手あるいは作曲家として継承すべき模範となった。この点に関してイスハークは、アラブの好みと気質にあわせて行動した。アラブ人は口伝という伝統に強い愛着を感じており、真の遺産とは世代から世代へと伝わりながらも起源に忠実なものだと考えているからだ。

しかし、イスハークの同時代人のなかには新しい手法を奨励して、旧態には背を向けた一団もいた。彼らの頂点にいたのは二人の大音楽家だった。一人はメッカ出身のアラブ人イブン・ジャーミウであり、彼は自由身分の歌い手だった。もう一人、さらに重要なのがイブラーヒーム・イブン・アルマフディーであり、彼はハールーン・アッラシードの腹違いの兄弟でカリフのアミーンとマアムーンの伯父であった。アルマフディーはイスハークのライバルであり、見事な美声と音楽的な才能に恵まれていた。アルマフディーは保守的な宗教関係者の面前でスキャンダラスな振る舞いにでたこともあったが、バグダードきっての人気者の一人だった。彼の芸術が生みだす魅力を語る逸話がいくつも残っている。アルマフディーが歌い始めると、

《召使いも奴隷もあらゆる出身層の職人たちが仕事を止めて、アルマフディーの歌が聞こえるところまで近よってきた。旋律の音（ナブラ）を一つも聞きのがすまいと、息をひそめた》。

次のような一節もある。

《彼の歌には野獣も魅了され、心を奪われた》

誇張された部分をさし引いたとしても、アルマフディーが称賛を浴びていたことは確かだろう。彼は高貴な出自のアラブ人であったから、イブン・ジャーミウ同様に、スキャンダラスな好奇心をかきたてた。それまでは奴隷出身でないアラブ人がギナーを専門とすることなどなかったからだ。アルマフディー

が示す理想とイスハークや弟子たちが守ろうとする芸術は対立したが、新奇な趣向や新しい技法が争点となったわけではない。音楽を愛する者としてアルマフディーは、伝統的なギナーを自由な発想で表現したのだった。アルマフディーは、自分の歌を聴く者たちに向かって何度もこう述べている。

《私は王であり王の息子なのだ。私は好きなように歌う。そしてギナーのなかから好きなものを選ぶ。私はタラブを求めて歌うのであり、金銭を求めて歌うのではないからだ。私は自分のために歌う。他の誰のためでもなく……》

残念なことにこれ以上の資料がないため、アルマフディーが採用した歌の技や、イスハークとの本質的な相違を知ることはできない。『歌の書』に残された断片的情報や逸話によると、アルマフディーがギナーの伝統に背いたということは明らかだ。彼は旋律の一部を削除することもあれば新たにつけ加えることもあり、リズムの法則についても無視あるいは変更したらしい。

これは教育の不足や技巧の未完成にその理由を求めるべきなのだろうか？　あるいはロマン派的な動きをめざす確固たる意思を見るべきなのだろうか？　九世紀のバグダードで何があったかについて正確な見解を述べるのは難しい。しかし当時のしきたりであった音楽や音楽家をめぐる禁忌（タブー）のため、アルマフディーとイブン・ジャーミウの試みは不発に終わったようだ。したがって古典音楽が方向性を定めて威信を保つことができたのは、マウシリー派がもたらした輝かしい飛躍的進歩のおかげだったと言える。いずれにせよ、世間の人びとは明らかに後者を好んだ。アブー・アルファラジュ・アルイスファハーニーは、アルマフディーについて述べながら改革派の音楽家たちを次のように評している。

《彼らは凡庸で、ギナーの軽い形式しか求めようとせず、習得困難で奥が深く長いもの（サキール）のすべてを嫌う。彼らにはそれを演奏する能力がないからだ。そういう意味で彼らを好むのは、ギナーに必要な修練と努力を嫌がる無知な人びとなのだ……》

この著名な百科事典の著者は、彼の時代（十世紀）において古典の伝統がしばしば歪められていると述べている。

《このため、人びとは芸術を刷新しようとして古い名手を忘却していく。弟子や後継者が先達を修正できるようになったことで改革派のカテゴリーは九つにもおよび、原曲の旋律を奏でることが不可能になったほどである……》

さまざまな楽派の指導者の名が挙げられており、そのなかにはイスハークやアルマフディーの亜流の名もある。

アラブの音楽世界においてイスハークの名は輝きを放ち続けており、後継者たちは現在にいたるまで彼の名を後ろ盾にしてきた。特にバグダードではこの傾向が見られた。イスハークが生涯に創った楽曲は四百におよぶとされている。この曲数は父親より少ないが、イスハーク自身は誇りをもっており、中傷する者には次のように答えていた。「私は岩を切り開いているのだ……」

音楽芸術にはさほどの興味を示さなかったカリフのムタワッキルでさえ、イスハークの逝去については次のように述べている。

《今日、王国の美、栄華、そして装飾の大きな一部分が失われた》

古典音楽が一定の完成度に達し、アラブ世界とペルシアにおける基盤が完成したことによって一つの時代が終焉した。この基盤は見事に構成されており、マウシリー派のおかげで真の音楽芸術の段階へと押しあげられた。イスハークはバグダード系のオリエント音楽に確固とした形式と枠組みを与え、後世にいたるまでほとんど変化せずに維持されることになった。

しかしながらマウシリー派のギナーがどのようなものだったのかは不明であり、確実な例を挙げて論証することはできない。文字として残らない伝承であったため、時の流れとともに損なわれたり失われたりする部分が増えて変質したのだろう。バグダードの大歌手たちが断念した時点で音楽の発展は止まり、以後は現代にいたるまで停滞期が続くことになった。

『歌の書』の著者が証言するように、アラブ古典歌謡は受け継がれてはいたものの伝統のなかで硬直し、初期の生気や純粋な形を徐々に失っていった。衰退の道へと向かう道中で、伝統的なものからインスピレーションを得た民衆的な音楽ジャンルを取り入れたり、ヨーロッパの軽音楽を模倣したりすることもあっただろう。純粋な古典音楽は、祈りと瞑想に身を捧げる共同体を維持できたモスク、タキーエ〔スーフィー教団系の修道場〕、イスラームの遊行僧たち〔スーフィー〕のもとや、アラブ世界各地に拡散していったプロやアマチュアの集団に避難先を見いだした。しかしながら口伝がもつ伝承の力は現代まで受け継がれており、イラクやイランの古典歌謡の大部分はアッバース朝時代の黄金期の音楽伝統を忠実に伝えているのではないだろうか。

古い歴史書が列挙していたようなアラブ古典音楽におけるさまざまな概念を把握するには、いくつかの中心地に残存しているものを参考にするしかない。オリエント世界が輩出した大歌手や大作曲家のおかげで、伝統は世代をこえて受け継がれてきたが、それらは日を追うごとに偏狭なものとなり、西洋からやってきた近代化の大波に屈しつつある。

5 アンダルシアの革新

中世初期のアラブ・イスラーム世界では、マウシリーの芸術は光輝に包まれていたと思われる。やがてイスラーム・イベリア半島という西洋の地において、イスハークの弟子であったペルシア出身の解放奴隷ズィルヤーブが、バグダード派の音楽演奏を導入しつつ彼独自の芸術を開花させた。

ウマイヤ朝君主アブド・アッラフマーン二世に仕えたズィルヤーブは、「歌うナイチンゲール」と呼ばれ、八二二年にコルドバに移住した。当時のコルドバは名にし負う文明の中心地であったが、ズィルヤーブによってアラブ・アンダルシア芸術の中心地となり、詩歌愛好者の注目の的となった。この地で育まれた伝統はマグリブ地域、モロッコ、アルジェリア、チュニジアで生き続けている。

ズィルヤーブは独自に、東アラブ世界と同じオリエント的基盤の上に古典音楽の基礎を築き、形而上学的、占星術的、そして生理学的象徴主義に沿って論理を構築した。ズィルヤーブは多様多彩な文化に通じており、インド・ペルシアとギリシアに起源をもつものを統合して、さまざまなマカームに対応する黄道十二宮、元素、気質などに関連する心霊療法的な役割を音楽に持たせた。こうして二十四のナウバ（Nawba、Nouba）の音階法、旋法、管弦楽法が生まれ、古典的なマカームだけではなく管弦作品を構成するさまざまな動きを表現できるようになった。ズィルヤーブは体系化された芸術の要請に応えて、イスハーク・アルマウシリーのウードに五番目の弦をつけ加え、弦をはじくために鷲の嘴でプレクトラム〔爪〕を作った。

一〇三一年から一二三八年まで栄えたコルドバの都が滅びるとナウバの芸術はグラナダに移り、アラブ人が掌握していた南スペインの小王国で隆盛した。歴史家のイブン・ハルドゥーン（一四〇六年没）は、ズィルヤーブの遺産を「セビリアとその近くのアラブ・アンダルシアを包み込んだ大洋」と記している。アラブ最後の砦であったグラナダが一四九二年に滅びた後、ナウバの芸術はマグリブに広まり、誰もが知る、評価の高い音楽表現となった。

十六世紀のアラブ歴史家マッカリーは百科事典的著作『芳しき香り』（ナフフ・アッティーブ）の中で、アンダルシアのナウバが構成する動きについて以下のように記している。

《アンダルシアにおいては、遅い動き〔ラルゴ〕のナシードからコンサートを始める習慣があった。次いでバスィート〔ラルゴ〕そして早い動きのムハッリカート〔アレグロ〕、軽いハザジャート〔終曲〕と続く。これはズィルヤーブが確立した方法である……》

マグリブにおける現代のナウバは、アラブ・アンダルシアの起源に忠実なまま残っており、それと同時に、イスラーム期のスペインでも流行したムワッシャフの文学的で韻律的な構造、つまり多様な韻律とリズムが交替する作詩法を尊重しつつ維持されている。ムワッシャフの歌は有節形式とリフレインを特徴としており、民族色を濃く残した結果、長らく生き延びることになった。

第二章　アラブ音楽の原理と特徴

I　アラブ音楽と西洋音楽

アラブ音楽の基本的な特徴を理解するために、知っておかなくてはならないことがある。多くの人にとって絶対的かつ普遍的な基準とされる西洋音楽的観点からみて、アラブ音楽には存在しない、あるいは存在しえないものとは何かということだ。

ただし、両者を比較対照して各々の美しさを議論するという方法によってアラブ音楽なり西洋音楽を評価することにこだわると問題が出てくる。私たちは、西洋音楽は進化しているという視点に立っているが、このままではアラブ音楽に正しくアプローチすることはできない。アラブ音楽について考える際には、西洋音楽とは比較不可能な独自の言語による規範や表現と対峙する必要がある。

さらに単純化して体系的に述べてみよう。アラブ・イスラームの音楽言語は、連続する音と旋律的定型表現による水平的な線の美学に従って動き、伝統的なシステムのなかで重なりあったり融合したりするのは、散発的で独立的な場合に限られる。いっぽうヨーロッパの音楽言語は基本的に、対位法的な性質の作品においてさえ垂直的な聴覚に支配されている。言いかえれば、前者は主としてホモフォニック〔ユニゾン〕であるのに対し、後者は多声音楽・和声的音楽なのである。

もう一つ双方に特徴的な性質を挙げておこう。アラブ音楽を代表するものは声楽であり、旋律音楽である。歌と肉声はきわめて重要であり、伝統音楽の表現様式のなかでは最高位にあってほとんど独占的な地位を保っている。これに対して楽器は、タクスィーム〔即興演奏〕でみられるように二次的か少なくとも補助的な役割しか果たしていない。逆に西洋音楽は近代オーケストラによる諸楽器の合奏に最も豊かで完成された表現を見いだし、交響楽的構成を発展させた。

三つ目の特徴にはアラブ音楽芸術の特質が顕著に現れている。アラブ音楽芸術の主たる部分は文明のなかでも文字化されてこなかった領域に属しており、口伝によって受け継がれてきた。口承はアラブ音楽芸術を貧弱化させた一因ともされるが、逆に生命力の源であり独創的で純正なものとも考えられている。現代において西洋から取り入れた音楽記譜法でさえ、音楽教師や名歌手の息吹をなぞることしかできない。

このように異なる芸術的概念に依拠しているオリエント音楽と西洋音楽は、分岐した道を歩んでそれぞれの方向をたどり、今日の私たちの目には対立しているように見えることもある。イスラームの音楽芸術はヘレニズムに主な起源を持っているが、イラン・インドの流れも受け継いでいる。このように異なる文明を背景としているため、実践面では肉声としての歌がもつ可能性を極限まで発展させ、理論面では音階や音程に関する古代ギリシアの思惟を深化させることができた。

この二つの傾向から生まれたのが、フィオリトゥーラ〔旋律に装飾を施す〕とメリスマ〔一音節を五、六個以上の音符で歌うこと〕の連なりによる単旋律のメロディーによる装飾である。音楽芸術においてこれに秀でているのは東洋的な声のみであり、具象芸術のなかでのアラベスクのような地位を保っている。次は旋法とリズムの体系であり、西洋の旋法体系とはまったく関係のない組み合わせに富んでいる。アラブ音楽には百以上の古典的マカームがあり（古典理論の概説によると四百のマカームがある）、少なくとも三十は現在でも使用されている。

旋律とそれを表現する自然楽器、すなわち肉声に専心した結果、音階とそのつながりについての高度な分析による細分化が起こり、実際には「四分の三音」の形でしか使われない「四分の一音」に相当する微妙な音程が生まれた。言うまでもないが西洋音階では一音程と半音程しか存在しない。西洋の平均律における短三度は、最大でも半音三つ分の音程しか入れることができないのだが、アラブ音楽の三度は六つまで入れることが理論上は可能となる。

これとは逆に西洋音楽が進化の過程でめざしたのは、和声的な組み合わせと複雑なつながりを生みだすことであり、楽器を開発することだった。人間の声よりも豊かな可能性をもつ器楽は、和声的組み合わせを最大限に広げることができる。オリエントの音楽には他の学問分野や芸術と同じように、全体性や多面性を犠牲にして細かく微妙な部分にこだわる特徴があり、これを長所とみるか短所とみるかについては個人差があるだろう。それに対して西洋古典音楽は簡素化した単一の枠を定め、その内部で固有の特徴的音楽表現を展開させた。平均律音階、長調と短調の二つの調性、統一されて厳格に体系化された拍子の方法によって表現されるリズム、そういったすべてが音楽記譜によって記録・保存されることで伝統が創られ継承されてきた。

いっぽう、アラブ音楽は何よりもまず、可能性に富んではいるが予測不可能な人間の肉声や個々の人間の意図を追及するため、画一的な枠による規定に抵抗する。ヨーロッパ音楽の記譜法を転用した音楽家も皆無ではないが、現在でも音楽的な記譜は使われないか、あるいは初歩的な類似の記譜形式が使われるのみで、口伝による伝統の地位は揺らいでいない。口伝の伝統は今日までアラブ文化の番人の役割を果たしており、即興の技巧や個人の才能に選択の自由を与えることが芸術の源と考えられている。

しかしながら二つの音楽表現が異なった発展を遂げたのは起源に由来するものではなく、中世初期の終わり（十一世紀から十三世紀ごろ）にほぼ固定した歴史的なプロセスに原因がある。同じ道を歩んでいた両者はこの時代に別々の道を歩み始め、二度と交わることはなかった。

影響または相互浸透性？

「アラブ」は中世の西洋音楽に対して、直接的あるいは間接的にどのような影響を与えたのだろう？

歴史や音楽の専門家にとってはとりとめのない議論になってしまうのが常だが、影響を受けた要素や形態についての概要は定義できるのではないだろうか。

アラブ音楽と西洋音楽は少なくとも理論面においては、類似した基盤に依拠していると言えるだろう。アラブ人がギリシアの音楽理論を再発見し、これにオリエントからの影響を加えて豊かなものにしたうえで、西洋に伝えたことはよく知られている。イベリア半島と南ヨーロッパでは何世紀にもわたってアラブ人が暮らしており、あたかも実験室のような共存空間が作られていた。この空間で二つの文明が混じりあうことになる。この現象はロマンス語文学の分野では顕著であり、抒情詩と密接に結びついている音楽の分野でも同じ展開があった。このような起源を持つ音楽をどのような名称で定義するかは難しい問題だが、一般的にはアラブ・アンダルシア音楽という名で呼ばれている。

楽器学については、アルフォンソ賢王の有名な「聖母マリアのカンティガ集」[1]（十三世紀ごろの写本）に描かれた図像学的資料のおかげで、共通点や系統関係が確認できている。同資料によると、ヨーロッパ音楽の楽器の多くは、アラブ・アンダルシア、特にイスラーム時代のスペインとマグリブの表現手段に起源がある。しかしながら旋法と調性にかかわる旋律面やリズム面においては、ヨーロッパ音楽とのつながりは推測するしかない。

（1）〔訳注〕カンティガは、十三世紀スペイン、ポルトガルで流行した単旋律歌曲。

後者の影響を指摘する説は、キンディー、ファーラービー、イブン・シーナーらによるアラブ古典の中世ラテン語訳から多くの音楽理論が採用されたとしている。中世の声楽楽曲技法である「ホケトゥス」[2]の語源がアラビア語のカトウ（切る）あるいはイーカーアート（リズム）であるとする指摘や、ズィルヤーブとコルドバの彼の楽派（前章五七ページを参照）についての頻繁な引用は、西洋音楽の形成における直接的な影響を明示するためだろう。

しかしながら現段階での私たちの分析によると、この手の主張にはあいまいで厳密さに欠ける論拠しかない。たとえば、マグリブにおけるいわゆるアラブ・アンダルシア音楽の現在の演奏と比較するために実施された最近の試みでは、残念ながらここでの議論の根幹にかかわるような結論は得られなかった。興味深い試みではあるが、マグリブとスペインのグループが録音したアンダルシア音楽をめぐる比較研究[3]がその好例である。最近セビリアに創設された国際アラブ・アンダルシア音楽研究所をめぐっても同じことが言える。

オリエントと西洋の関係性をめぐる比較音楽学は、仮説という閉じた輪のなかでの堂々巡りを大いなる伝統として受けとめるべきなのだろうか？　研究の出発点においてまちがったアプローチをしてしまったのではないかと自問してみよう。

出発点をめぐる考察からはこれまでとは違った独自の視点が浮かびあがり、議論に光明がさしてくるだろう。

a）従来の研究は、八世紀に始まるアラブによる征服、中世南ヨーロッパにおけるアラブ・イスラーム文明の大変動を対象としてきた。その結果、植民地の介在、つまりフェニキア人やカルタゴ人などによる地中海域での活動をとおして、イスラーム以前の伝統がヨーロッパに浸透したことについてはあまり重視されなかった。ローマ帝国後期には中世西洋音楽と深い関係があるラテン・ローマ宗教音楽が、ユダヤ宗教音楽、さらにはギリシアとビザンツ（より正確に言えばシリアのキリスト教徒）の影響下に誕生している。ローマと同じくスペインでもシナゴーグの歌が、初期のレチタティーヴォや聖書の詩篇詠唱などに影響を与えており、おそらくは西洋音楽の基礎になったのだろう。これは今日でも、イエメン系のユダヤ教徒のあいだに残っている。ミシェル・ユグロはこの時代に関して、口伝によって典礼音楽間の相互浸透が起きたと明言している。「テキストは紙となって移動し翻訳は文字となって残るが、旋

（2）〔訳注〕一ないし数音符単位で、二声部にふりわけ、交互に歌う声楽技法。「しゃっくり技法」。
（3）以下を特に参照のこと。*Monodia Cortesana Medieval (s. XII-XIII) y Musica Arabigo Andaluza (s. XIII)*, Coproduction Hispavox-Erato, Grand Prix de l'Académie Charles Cros, 1972.
ごく最近、*Encuentros* というタイトルの新しい録音集が出てきた。タンジェのアンダルシア・オーケストラとによる録音であり、バルセロナの Ariola-Eurodisc, SA によるものである。

律は決して書かれることがない。旋律は、その土地で生まれ育った聖歌隊員が生みだす独自の伝統として演奏される……」(4)

b) 私たちが親しんできたアラブ的なものにこだわるとしても、それらを表現する音楽言語は、イスラームに先立つ古代オリエント文明の音楽が持っていた特徴的な要素を統合したものにすぎない。アラビア半島で音楽が芽生えた時期に限ってみても、ある面ではペルシアやメソポタミアから、他の面ではビザンツや地中海域のギリシアからという具合に、古くからの大都市で誕生した音楽表現から構造や形式がとられている。イスラーム世界における音楽は中東という文明のるつぼの中で自然発生したものではなく、相互の影響と浸透を通じた長いプロセスによって形成されてきたと考えなくてはならない。

c) 比較を専門とする研究者たちは、ビザンツやグレゴリアンといった宗教音楽の芸術的表現には注目してきたが、相互浸透による複雑なプロセスが起こる領域にはさほどの関心を示さなかった。この領域には、民衆音楽、なかでもセム系諸語を使用しているキリスト教徒共同体(シリア教会、カルデア派、ネストリウス派)の典礼歌などが含まれている。しかしながらグレゴリオ聖歌と中世の西洋音楽の起源をめぐっては、三世紀から四世紀にかけてのシリア・メソポタミアの役割がおおまかに触れられているにすぎない。実際にも十九世紀の二人の音楽学者ドン・パリゾとドン・ジャナンが宗教音楽の遺産をめぐる比較研究に取り組んだが後が続かなかった。

これまでに述べたようなことが端緒となって、今後の研究が進展していくだろう。つまるところ、核心部分をついていない古い書物の中に答えや解決策を見つけようとするよりは、これまで冷遇されてきた多種多様な音楽伝統について調べてみる方が適切ではないだろうか。敬意をもって現在まで受け継がれてきた口伝に導かれることで、祖先への道を正しくたどることができるだろう。このような伝統を保持してきた場所は、その特異性と地理的な条件のおかげで外部からの影響にさらされにくかったと思われる。伝統音楽が残されているのも、ほかに比べると西洋化が進んでいない場所だった。

このような伝統の基盤には宗教的あるいは世俗的な霊感による聖歌があり、中東における最も古い音楽の伝統を形成している。

（中東における聖歌の）「カンティレーヌ」について調べると、韻律法、旋律、リズム構成という重要な点で類似しており、何らかの共通項があったことを前提とすべきだろう。とりわけ東方教会の典礼賛歌、シーア派に代表されるイスラームの聖者讃歌（マディーフ、複数形はマダーイフ）[5]、東洋のユダヤ教徒共同体の朗唱などには顕著に現れている。

（4）Colloque de Rennes du 11 au 13 mars 1977, Maison de la Culture de Rennes, p.10
（5）〔訳注〕イスラームの聖者讃歌。スーフィーのズィクル儀礼で歌われる。

［図 5］

［図 6］

この構造を分析することで共通の基盤が見えてくるだろう。それは次のように要約できる。

A）これらの基盤にある音楽言語は、詩篇朗唱、聖務日課の応唱聖歌集、メロペ（これが最も重要な部分をもつ）の流儀、そして多くの場合音綴《おんてつ》のリズムに沿って歌われる詩節《ストローフ》を含んでいる。

B）旋律は基本的に旋法の体系に沿っている。キリスト教会の典礼歌は、おそらくはかなり手を加えながら一定の方式、すなわちビザンツのオクトエコス〔東方キリスト教会のもつ八つの旋法〕を取り入れた八つの調性体系を採用している。アラブ・イスラームあるいはトルコやクルドの民衆歌謡も同じ調性の構造をもつが、呼称は異なっている。どちらの場合もこの体系は、テトラコルド[6]が主ではないという意味において古典マカームとはまったく異なる。つまりこの体系では、三つの隣り合った音

〔二つの音の場合もあるが〕の音階が旋法のテクスチュアを構成することができる。たとえば［図5］のような例である。

繋ぎの共通の音［un son commun charnière］を含む、二つの「トリコルド」［tricorde］で構成される音階もある［図6］。

C）芸術的な表現であれ民衆的な表現であれ、これらの音楽表現には音程が内部で固定されたという共通点がある。その内部にはきわめて小さい音程が含まれ、それ自身が変動し、音が可動性をもって展開する。

D）最後にもう一つ加えると、現時点での地中海域におけるオリエント音楽と西洋音楽の関係について、最もわかりやすい例を抽出できる分野は即興／装飾である。

いまでも西洋とオリエントでは、装飾を伴った即興が行われている。西洋では、古典的なオルガン演奏やスペインのカンテ・ホンドのような民衆音楽のいくつかの形式が参考になる。現代音楽のグループによる即興の中にも参考できるものがある。

（6）〔訳注〕「四本の弦」。連続する四音からなり、両端の二音は完全四度。

西洋古典音楽においては即興と装飾が明確に二分されたが、オリエント音楽においては両者が近い関係を保ってきた。西洋では、装飾自体が記譜によって固定された結果として硬直化することさえあったが、地中海域のオリエントでは、装飾は芸術家に霊感をもたらして創造的才能を育んできた。生身の人間が権威とともに直伝する口伝性は今日まで影響力を維持しているが、中世以降においては二つの音楽世界を分断することになった。

したがってアラブ音楽の分析にあたっては、大筋を追う場合であってもアラブ音楽自体の構造内で行う必要がある。アラブ音楽はリズム、調性、旋法、旋律の体系によって構成され、楽器が特徴的な存在になる。逆に、特殊な奏法、メッサ・ディ・ヴォーチェ[7]の使用、楽器演奏の技法などは二次的なものとみなされ、民族音楽学あるいは音楽社会学などが扱うことになる。

II 音階法、旋法、リズムの体系

アラブの芸術音楽は本質的に旋律的、旋法的である。これまで見てきたように西洋音楽とは対照的な第一の違いは、アラブ音楽は平均律音階を使用せずに自然音階を使うという点であり、古代ギリシア音楽にその起源がある。アラブ音楽には全音と半音の上に四分の三音というものがあり、多くの場合は基音としてドを持つ全音階の三番目と六番目の度が割り当てられる。四分の三音は、西洋音楽で用いられる平均律音階にはあてはまらない。この音を演奏してニュアンスをつかむことができるのは、声と耳を鍛錬したか、あるいは日ごろから慣れ親しんでいる者に限られる。この音を表現できるような楽器も必要になる(8)。

アラブ音楽は主に比較的短い音程、限られた音程の中でメロディーを形成しているため、西洋方式による上行・下行音階の展開は、理論的なものにとどまっている。これがヨーロッパ音楽との根本的な相違点となる。ヨーロッパ音楽における基本枠はオクターブだが、アラブ音楽における旋律とそのジャンル(ジンス)の第一の基本単位は四度、つまり四つの音で制限された三つの音程となる。パッセージの音度は、タバカ(複数形はタバカート)またはジンス(複数形はアジュナース)を形成する。どちらの言葉もアラブの理論家がギリシアのテトラコルドに与えたアラビア語だ。したがって音階(スッラム)とは、互いに一つの共通の音でつながったテトラコルドの連続にすぎない。

テトラコルドの中間の音程は、旋法体系(ジンス、タブウ)の基本的な性質と、旋法の種類を形成する。

---

(7)〔訳注〕一定の音をひきのばしながら、徐々にクレッシェンドし、続いてデクレッシェンドして終わること。
(8)現在、鍵盤楽器に主要マカームをあてはめる試みが行われている。

これはかつてのナグマに相当し、現代では通常マカームと呼ばれる。マカームは全体としてアラブ音楽ならびにイスラーム世界の音楽に特徴的な基盤となっている。

マカームを適切かつ正確に訳すための専門用語は、西洋には存在しない。マカームの定義としては、「旋法的旋律のタイプ」という表現が、その独特な構造を言い表しているという意味でいちばん近いかもしれない。このような点からマカームの構造を見ると、二つの要素から構成されていると言える。

1）音を隔てる音程のつながり。これは調性に相当すると思われる。

2）テトラコルドを通じた動きの過程。マカームの各音は、そこからテトラコルドの各度を形成する。マカームの要素自体を作り出すのは、「旋律的な様式による独自の生命」である。テトラコルドの中の音も音程も、その不規則な連続さえも、それらのみではマカームを形成するには不十分だからだ。現代アラブの理論家は、本来はヨーロッパ音階の項目や音程のためのものであったオクターブの音階から着想を得てマカームを提示しようとしたが、このような試みをてがけたのは、西洋の音楽教育を受けた者たちだった。ヨーロッパのソルフェージュメソッドによる専門教育を受けた場合を除くと、名のあるアラブの音楽家たちは、旋法的旋律の様式を通じてマカーム特有の規則を会得していた。彼らは非凡な記憶力、驚くべき繊細で正確な耳を駆使してその奥義を究めたのだった。

ロドルフ・デルランジェはこれらのアラブ芸術家が拠って立つ原理を抽出し、著書『アラブ音楽』で体系化した。これは、西洋におけるマカームの構造的解明に役立つだろう。そこではマカームは以下のように定義されている。

・音域または旋法的音階（スッラム・ギナーイー）
・ジャンル（アジュナース）：これは、テトラコルドにおいて連続した動きに従った音程によって連なった音にすぎない。
・出発点：マブダ
・一時的、または二次的な休止：マラーキズ
・最終、または主音の休止：カラール

音域に関しては、三度が土台の役割を担っていることをつけ加えておこう。三度のみで、独自の特徴をもった旋法の一ジャンルが構成されるからだ。これは口伝による伝統音楽に特徴的な性質を示しており、いまもなおアラブやそのほかの民衆音楽の中に見いだすことができる。旋法的旋律様式にあっては四度、五度が余分な音の重なりとみなされて三度へと還元される。これは東方キリスト教会の典礼歌に

はしばしば見いだされる例だ。しかしながらアラブ芸術音楽においては、四度ときに五度がマカームの枠の中に入ってくる。前者の四度が決定的な様相を与え、後者の五度がそれを完全に確定する。五度の後は最初のテトラコルドの繰り返しか、新しいマカームが出てくる。しかし、テトラコルドの主音またはほかの音が、ほかのマカームの出発点となることもできる。

現代アラブ芸術家を通じて私たちが現代のマカームについて理解できるのはこの程度だろう。マカームの古典的理論については、概論や歴史書によってしか知ることができないからだ。マカームの古典的理論は、十三世紀にサフィー・アッディーン・アブド・アルムウミン・アルウルマウィーによって体系化されたが、音に関する楽譜のような有効な資料が残っていないために、当該の体系が同時期のアラブ歌手、作曲家、名音楽家による実際の演奏に適合しているかどうかはわからない。

この事実には留意しておかなくてはならない。現代でも言えることだが、アラブの理論家によって定められた教義や原理は、ときとして芸術家自身の演奏と違っていたり、まったく逆になっていたりするものさえある。しかもそういった芸術家は生来の才能によって繊細な理論をほぼ無視するか、理論を経験的に適用するにすぎない。古典音楽の演奏者としても名を馳せたイスハーク・アルマウシリーにしても理論家と芸術家の決別を声高に宣言しており、次のように告白している。「ギリシア音楽学に対しては何の義務もない。口伝による古い伝統に従った芸術を実践する」。後代の古典アラブ理論家であるサフィー・アッディーンは、音程やマカームについて細かく提示した後、以下のように結論づけた。「こうしたもののはすべて捨て去り、本当に使用できるもののみを残しておこう……」

彼の言葉はいささか大げさだった。主要なマカームは、今日においても古風な性格を保っており、ファーラービーの時代からその名がずっと使われ続けているからだ。それらの名はさまざまであり、地名のヒジャーズ、ナハーワンド、主音の度に由来する名前のドゥーガー、セーガー、ジャハールガー（二度、三度、四度）、民族を示す語のクルディー、比喩的な単語のラースト、ウッシャークなどがある。それぞれの音や度は、西洋の音階に置き換えられ、マカーム固有の名をもつことになった。しかし、これらの名はアラブ・イスラーム世界のすべての国で共通しているわけではない。ある地方では消えた名が、別の地方では残っていることもある。たとえば、エジプトには残っていない古典的マカームがイラクでは残っていたりもする。また、楽器では演奏されるマカームが、歌では必ずしも常に用いられるわけではない。

分類

アラブ音階は理論的に三つのカテゴリーに分けられる。全音階、基本音階、半音階である。実際に演奏する際は、音楽家はそれぞれの音階を無意識に使い、ジャンルを混ぜて転調を用いる。この転調という現象からは、各々に異なる音階が自然に浸透しあっていることがわかる。その証拠に、音階の各音は独立項として基本のマカームとその派生形を作り出す。

マカームの基本的組み合わせは百十九あるが認知されているのはそのうちの約三十であり、多少なりとも歌手や楽器奏者によって使われている。実際によく使われるものは十二ほどである。

これらのマカームを体験したいのであれば、エジプト生まれのクウェート人ウード奏者、アブド・アッラウーフ・イスマーイールの演奏を聞くのがいい。彼は、次の譜例〔七八ページ〕のような型通りの短旋律を演奏してくれるだろう。（楽譜中の♭は大体四分の一音下げた音を示す。）

この複雑で多様なマカームの問題は、現代アラブの理論家や音楽学者の大きな関心事となっている。一九三二年にカイロで開催された第一回アラブ音楽会議以来、一九六九年十二月にやはりカイロで開かれた会議までのあいだ、体系化、簡素化、統一化のために実に多くの試みがあった。そこではマカームの体系について、以下のような提案がなされている。マカームの体系では、本書がその重要性を強調した旋律的形式ではなく、上下向の音階の原理を適用すること。伝統的な項目名を、西洋音階の音に置き換えること。たくさんあるマカームの数を減らして、主要な七つか八つにすること。マカームの種類をアラブ世界全体で統一し、さらに一部のマカームについては長調と短調の二つをもつ西洋の平均律音階を適用すること。これにより西洋由来の楽器に手が加えられて、アラブ音階に対応して使われるようになる。

ただし、ここで述べた提案はすべてが計画のままにとどまっている。これにはいくつかの理由があるが、次世代に引き継がれるべき流儀が「ヨーロッパ化」していくことに対する理論家や伝統楽派の継承者による抵抗が大きい。アラブ諸国とりわけイラクでは、彼らのような古典マカームの継承者はたいそう尊敬されており、現在の地位を捨てるつもりなどないだろう。また、音楽の「実践者」としての歌手、名演奏家、作曲家は、理論家の視点や議論を軽視しており、自分たちの嗜好と気性、先人から受け取ったものに従って、即興で歌い楽器を奏でる。興味深いことに、音楽学者が望む改革とは音楽家によってのみ実践されるが、音楽学者の役割とは音楽家の芸術を総合的かつ理論的な方法で体系的に説明することなのだ。

リズムについても同じ問題がある。古くはアスル（複数形はウスール）と言われ、現在はイーカーウ（複数形はイーカーアート）と呼ばれるリズムは、マカーム以上にアラブ音楽の主要な構造を形成している。過去においてアラブの音楽芸術は、旋法の体系ではなくリズムによって、これこそがアラブ音楽だと言える特徴的を備えるようになった。このため、イスハーク・アルマウシリーはマカームの原理については逸脱を容認したが、リズムの原理に対しては絶対に容認しなかった。マカームの起源については諸説があるが、これらのリズムはアラブ固有の起源をもつように思われる。リズムについては、初期のアラブ歌手たちが明確に伝えており、アルイスファハーニーの『歌の書』では正確に原理が再現されている。リズムを表すには、主に長さか拍の用語が使われており、「サリーウ」（速く）、「ハフィーフ」（軽く）、「サキール」（重く）という具合になる。歴史書の記録をまとめたところによると、派生語や関連語まで勘定に入れればその数は三百に達するらしい。

アラブのイーカーウの特徴をつかむには、韻律法の脚歩格〔mètre prosodique〕（バフル）が歌詞を支え

東アラブ世界のマカーム

全音階の類型

ヒジャーズ・カール・クルド

（ギリシアのドーリアに相当）

クルディー

（ギリシアのドーリアに相当）

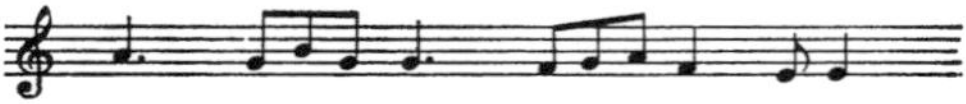

ジャハールガー

（ギリシアのリディアに相当）

アジャム

（ギリシアのリディアに相当）

郵便はがき

おそれいりますが切手をおはりください。

101-0052

東京都千代田区神田小川町3-24

白水社 行

購読申込書

■ご注文の書籍はご指定の書店にお届けします。なお，直送をご希望の場合は冊数に関係なく送料300円をご負担願います。

書名	本体価格	部数

★価格は税抜きです

(ふりがな)

お名前 (Tel.)

ご住所 (〒)

ご指定書店名（必ずご記入ください）	取次	（この欄は小社で記入いたします）
Tel.		

『Q1026　アラブ音楽』について	(51026)

■その他小社出版物についてのご意見・ご感想もお書きください。

■あなたのコメントを広告やホームページ等で紹介してもよろしいですか？

1. はい（お名前は掲載しません。紹介させていただいた方には粗品を進呈します）　2. いいえ

ご住所	〒　電話（　　　）		
(ふりがな) お名前	(　　歳) 1. 男　2. 女		
ご職業または学校名		お求めの書店名	

■この本を何でお知りになりましたか？

1. 新聞広告（朝日・毎日・読売・日経・他〈　　　〉）
2. 雑誌広告（雑誌名　　　）
3. 書評（新聞または雑誌名　　　）　4.《白水社の本棚》を見て
5. 店頭で見て　6. 白水社のホームページを見て　7. その他（　　　）

■お買い求めの動機は？

1. 著者・翻訳者に関心があるので　2. タイトルに引かれて　3. 帯の文章を読んで
4. 広告を見て　5. 装丁が良かったので　6. その他（　　　）

■出版案内ご入用の方はご希望のものに印をおつけください。

1. 白水社ブックカタログ　2. 新書カタログ　3. 辞典・語学書カタログ
4. パブリッシャーズ・レビュー《白水社の本棚》（新刊案内／1・4・7・10月刊）

※ご記入いただいた個人情報は、ご希望のあった目録などの送付、また今後の本作りの参考にさせていただく以外の目的で使用することはありません。なお書店を指定して書籍を注文された場合は、お名前・ご住所・お電話番号をご指定書店に連絡させていただきます。

半音階に近い類型

ナハーワンド

半音階の類型

ヒジャーズ・カール

アラブの基本音階
（¾音付き）

ラースト

バヤーティー

セーガー

アラブの基本音階
（¾音付き、半音階の類型）

ヒジャーズ

サバ

フザーム

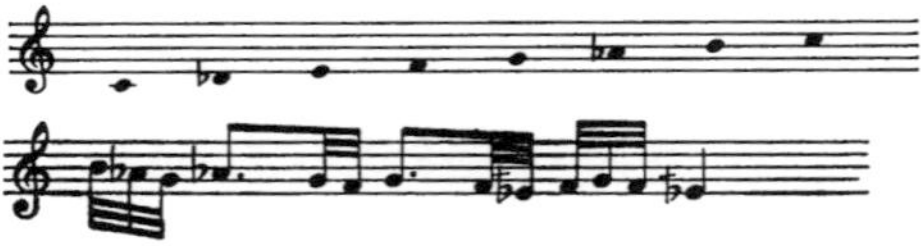

マグリブ〔西アラブ世界〕のマカーム
（R. デルランジェによる）

ズィール

ラスドゥッズィール

ラスド（ラースト）

ヒジャーズィー

ウッシャーク

ラマル

イスバハーン

スィカー（セーガー）

アジャム

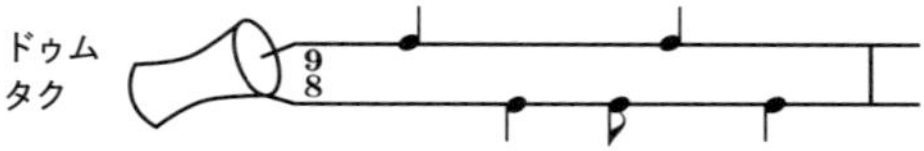

［図7］

るのと同じく、イーカーウが旋律の韻律を支えることを理解すればよい。つまりイーカーウは旋律の中に一定の区切りを作り、そこに均一または不均一な打拍が存在する。しかし不均一なときにもその打拍は、通常は同じ音楽のフレーズのなかに均一な配置で現れている。このため、拍子にかかわる問題が生じてくる。アラブ音楽の原則的なリズムを計ることができたとしても、西洋音楽における厳格な均一の拍子を、多くの場合は不均一な長さの打拍と言いかえできるイーカーウに適用することはほぼ不可能だ。このような不均整は、アラブをはじめとするオリエント世界一般のリズムに見られる特徴となっており、アラビア語ではアアラジュ、トルコ語ではアクサク〔原意は「びっこの」〕と呼ばれている。これは、トルコ音楽や主にエジプトのアラブ音楽で使われる八分の九拍子で、最後の拍が中途半端に早くなって次の最初の拍につながっていくように感じる［図7］。

いっぽうではこのような不均整な状態が、リズムを刻む者たちによって体系化されることもある。彼らの想像力や霊感によれば、リズムとは「不均整」なものなのだ。

ここで、アラブのリズム構成、とりわけ実践におけるある種の自由についての注意が必要となる。アラブのリズムは、擬音語のドゥムとタクで表現され、はっきりしない打とはっきりした打が特徴的である。ドゥムに関して言えば、ダッフまたはダラブッカでは中央に位置する輪の皮の部分を叩き、タクは太鼓の縁を左右どちらかの手で叩く。ドゥムとタクがこのように連なりながら色鮮やかでニュアンスに富んだ組み合わせのリズムが作り出され、音楽に豊かさを与える。

以上のことから、現代アラブ音楽には数多くのイーカーウがあり、多様性に富んでいることが説明できる。コランジェットによるとシリアだけでもその数は五十におよび、一九三二年のカイロ会議では同地域で知られているおよそ三十が報告されている。エジプトでは三十近くのイーカーウのバリエーションが知られており、そのなかにはトルコのリズムも含まれる。これらのリズムは非常にゆっくりとした拍から始まり、八分の一拍子で開始したものが八分の四十八拍子まで伸びることもある。たとえば四分の一拍子を基本にしたとすれば、四分の九十六拍子（サキール）、さらには四分の百七十六拍子（ファトフ）まで伸びることになる。

現代アラブの理論家たちは、多様性を極めるリズムの名称と細々とした分類法の整理をめざしている。マカームと同じくイーカーウも、同一のものでも国によって違う名で呼ばれていることがある。リズムの速度を考慮して異なった命名がされている場合もある。一九六九年十二月にカイロで開催された先の会議でいくつかの提案がなされた。基本となるイーカーウの数を減らしてアラブ世界共通の名前をつけ、リズムを簡素化するという提案である。数値に置き換えるためには、西洋的システムの適用が必要となる。

1. 東アラブ地域 [図 8]

マスムーディー

ドゥム
タク

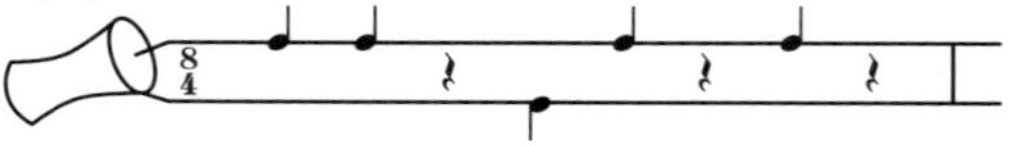

ムラッバア

ドゥム
タク

ノフト

ドゥム
タク

ノフト・ヒンディー

ドゥム
タク

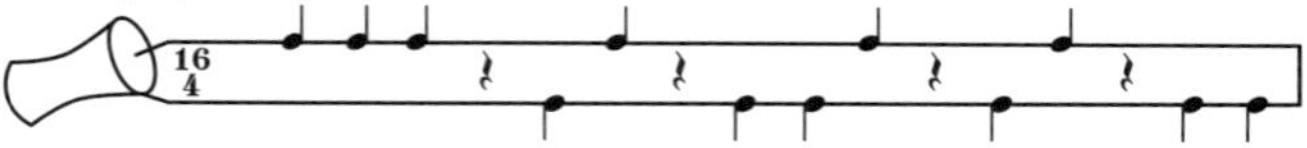

ターイル

ドゥム
タク

ダーリジュ

ドゥム
タク

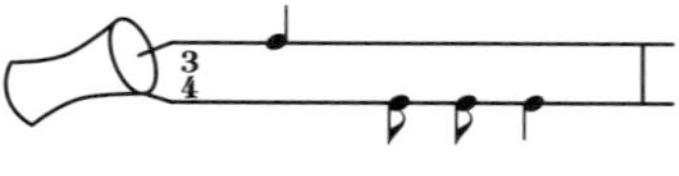

サマーイー

ドゥム
タク

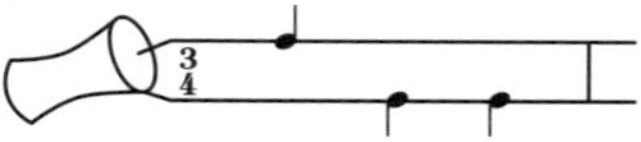

サマーイー・サキール

ドゥム
タク

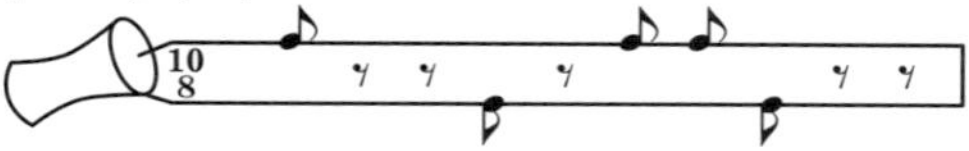

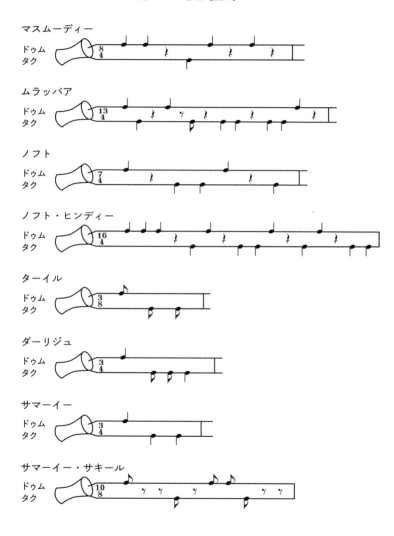

2. マグリブ［図 9］

A）モロッコ

カイエム・ワ・ネスフ

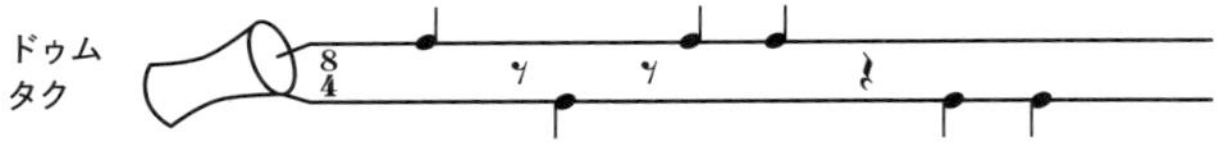

ブタイヒー（遅いジャンル）

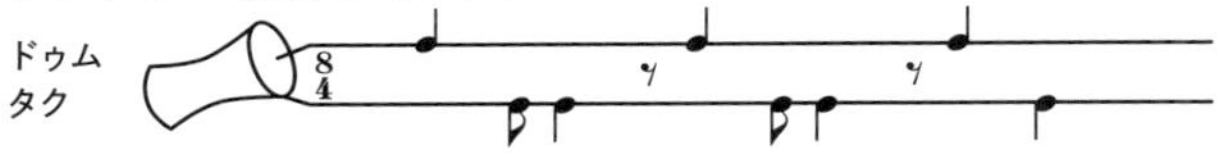

ブタイヒー（激しいジャンル）

ダーリジュ

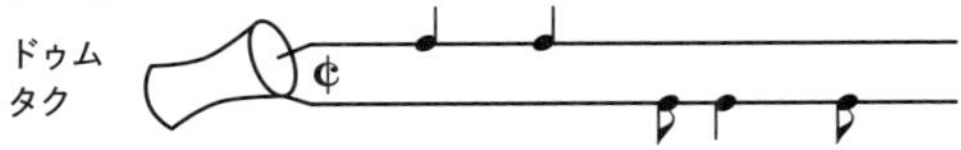

B）アルジェリア

モラッバ

フラース

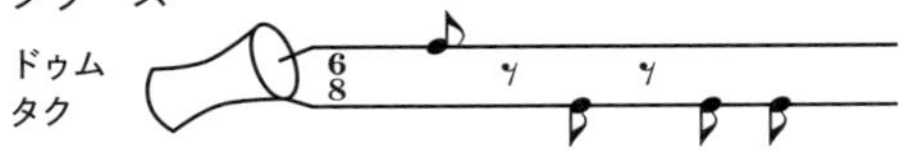

C）チュニジア

ムサッダル

ブタイヒー

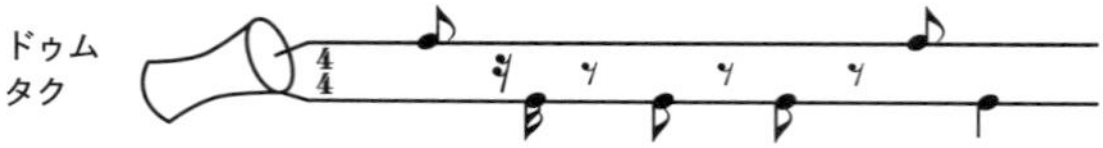

バルウェル

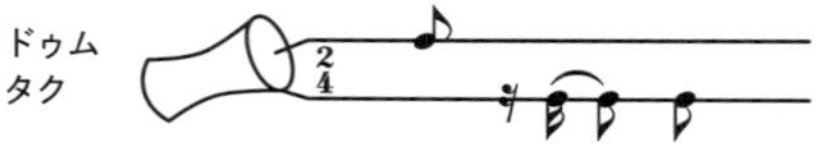

ダリージュ

ハトム

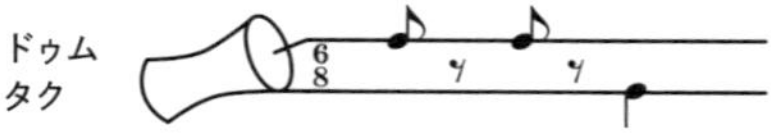

こうした理論化を受容して適合していくことが、アラブ音楽のためになるだろうか？　マカームについて先述した内容はリズムにもあてはまり、理論と実演のあいだには隔たりがある。音楽というものに輪郭を刻んで独自の発展を促していくのは、芸術家と聴衆であることを再確認しておこう。アラブ音楽のように口伝性の高い音楽を、厳格かつ限定された枠組みに押しこめるのは難しい。音楽家のありようを外部から強制的に規定したとしても、それが芸術の創造力につながることはない。そのせいで彼らの芸術が衰えることさえある。これを問題にするのは時代遅れでもないし、頑迷なことでもないだろう。アラブ世界のマカームとリズムに見られる無秩序は、永続的な発展に向けての精気や力強さに結びついている。それこそが口伝性の高い文明のみが保持する、知られざる特質なのではないだろうか？

［図8］［図9］がリズムの短い例である。

第三章　近代の復興運動とアラブ芸術音楽

あらゆる時代を通じてアラブ音楽の隆盛とアラブ文明の繁栄は深くかかわってきた。アラブ音楽はアラブ・イスラーム文化の黄金期に開花し、同文化が停滞期に入ると活力を失ってしまった。

歌と作曲は、アブー・アルファラジュ・アルイスファハーニーが活躍した十世紀には衰退しており、著名な著者たちのなかには、古い伝統音楽のほとんどが失われて悪い方向に流れてしまったと嘆くものもいた。一二五八年にモンゴルが侵攻してバグダードが陥落すると、アラブ音楽芸術は輝かしい中心地の一つを失うことになる。一五一七年にオスマン帝国がマムルーク朝を滅ぼすと、栄えあるイスラーム文化の中心地はアラブの伝統的な首都から帝国の新首都イスタンブール（かつてのコンスタンチノープル）に移動した。

アッバース朝のバグダードには比すべくもないが、十八世紀以降の変化の波にもかかわらずオスマン帝国の歴代スルタンは、イスラーム音楽の偉大な伝統を尊重する芸術の復興を推奨した。そのいっぽうでは、後にこの時代を特徴づけることになるトルコの影響も顕著になりつつあった。こうしてアラブ音楽の歴史は、いわゆるトルコ音楽と混同されることになり、このような見方は近代の復興に至るまで続くことになる。オスマン帝国の支配下にあったアラブの各地域は、さまざまな面でトルコ音楽の支配下にあった。その影響は歌唱法、楽器演奏法の面だけでなく、用語の面にもおよんでいった。

聖なる歌と世俗の歌

ここで留意すべき点を述べておこう。アラブ・イスラーム世界の音楽は伝統的形式という殻に自らを閉じ込め、モスク、スーフィー教団の修道場(1)〔テッケのこと〕あるいは一種の神秘主義音楽家集団のなかに逃げこんだ。ただし宗教音楽はイスラームの精神とは相容れないものであり、世俗音楽とも明確に区別されるから、宗教音楽が上記のような場所で誕生したとすることはできないだろう。しかしながら停滞期にあっても、伝統的な歌と楽器に関する芸術的技法がスーフィー教団の宗教儀礼に使用されたことは否定できない。シェイフ〔正則アラビア語で正確にはシャイフ、族長や長老を指す〕、ウラマーといった人たちがこの遺産を受け継いだ。近代以後になって音楽が世俗的な機能をとり戻すと、師として崇められていたスーフィーやシェイフ、彼らの学派で薫陶を受けていた芸術家たちがその推進役となった。この

---

(1) イスラームにおける一種の修道院。特にトルコに多い熱狂的に踊る修道僧としてメウレウィー(メヴレヴィー)教団の活動の場である。

ため、古典音楽が復興する当初は、その原点、すなわちコーランの朗誦を理想的なモデルとする聖歌に回帰しようとする傾向があった。このような現象はアラブ諸国で顕著にみられた。最近になるまでアラブ諸国において古典歌の純粋な伝統を保っていたのは、コーラン学校、大学併設のモスクなどにいたコーラン詠みのシェイフやムアッジン〔アザーンを呼びかける役割の人〕であり、コーランの朗誦ではスーフィー教団の歌や踊りと同じインシャードの形式がみられるようになった。この形式は、アラブ・イスラーム文明の全盛期にもてはやされたギナーであるサマル〔夜語り〕の本来の形式が現れたものとみなされる。ギナーはアラビア語のアクセント、リズム、イントネーションと強く結びついており、伝統的なマカームに基づいている。ギナーのリズム的要素は、ナーイのような楽器によるタクスィーム（即興）と共に、遊行僧やスーフィー教団の集会で発展していった。

西洋化や近代化が進むにつれ、これらの伝統的形式を文化として保存しようとする傾向が顕著となってある種の典礼音楽が形成されていった。ただし先述したように、イスラームには宗教音楽や世俗音楽という概念自体が存在しない。

用語そのものを検証してみよう。コーランの読誦（カンティレーション）には、クルアーン〔通常日本語ではコーランとするが、アラビア語の正確な読み方〕という言葉から派生したキラーア（「読むこと」を意味する）という語が使われる。このほかにティラーワ、タルティール（リズムのある朗唱）という語もある。ムアッジンによる聖歌の形式については、アザーン（祈りの呼びかけ）という語をあてる。この二つのジャンルに対して、ギナー（古典的声楽音楽）、ムースィーカー（音楽）、ファンヌ（音楽芸術）といった言葉を用いることはない。

スーフィーの音楽にはより一般的な単語であるサマーウ（「聞くこと」を意味する）が使われる。これは音楽が生みだす神秘的な感情を表現する言葉であり、中世においては音楽そのものを指していた。

しかしながらこのような用語上の区別は、宗教的な霊感にかかわる芸術の形式と密接に結びついている。現在のコーラン読誦は、タジュウィード（アラビア語で「美しくすること」）の厳格な規則に基づく自律的な音声技法となっている。タジュウィードを習得するには、聖典用の独特な声の技法を身につけるだけではなく、アラビア語音声学についての深い知識が必要となる。エジプトのアズハル大学をはじめとする高等教育機関で本格的に学ぶことができ、ムクリウと呼ばれるコーラン読誦者向けの講座はアラブ・イスラーム世界全体から高い評価を受けて現代メディアの注目を集めている。ムアッジン、イスラームの大祭で預言者賛美（マダーイフ・ナバウィーヤ〔単数形はマディーハ〕）を歌う人たちの教育についても同様である。

イスラーム世界、特に都市部においてこのようなかたちで発達したものを宗教音楽と呼ぶとするならば、厳格主義をとるムスリムがここから着想を得てコーラン読誦の形式を単純化し、特定のリズムが出現することになった。このリズムはおおまかに言うと、歌というよりも朗読法に似たレクト・トノ〔「一定の音で平らに」詩篇唄の一形態〕である。したがってキラーアは、エジプトの伝統のなかで重要なタジュウィードから装飾や旋律的な形式を除いたものとなり、その様相はレチタティーヴォ〔叙唱〕により近くなる。近年、カイロのコーラン読誦者養成学校で行われたアルクルアーン・アルムラッタルと呼ばれる体系的なコーラン読誦法は、コーラン本来の精神に則っている。現在では、タジュウィードの規則に従った朗誦と、タルティールの伝統に従った朗誦の二様式が確立されており、録音が残されている。[2]

旋律形式としては未発達な民衆的宗教歌にも注目しなくてはならない。たとえば農村部ではアザーンが、街角の触れ役がする大声の呼びかけのような調子になることもある。

宗教的な意味合いを持つようになった別の民衆音楽の形をみてみよう。預言者生誕を祝賀するマウリド（地域の方言ではムルード、マーリドとも呼ばれる）はアラブ・イスラーム世界全域で祝われており、民衆的な歌手や音楽家の集団によって伝統的な音楽様式による詩の演奏が行われる。祝祭は公の場で何日にもわたって続けられることが多い。詩のテキストはシェイフをはじめとする宗教的権威者によって創られており、一連のレパートリーは口語によって伝承されていて書き残されたものはほとんどない。音楽面について言うならば、コーランやアザーンといった既成の規範にあてはまる部分は皆無であり、地域あるいは村での民間伝承による音楽的伝統に依りながら、広大なイスラーム地域を構成する諸集団がもつ民族文化的伝統に適合しているように見える。

現代になると、このような伝統的楽派と呼べるものに、アラブ音楽言語の形成と発展を促すような新しい流れが外部から入ってきた。つまりヨーロッパ音楽である。イスラーム世界全体における西洋音楽の影響は否定することができない。特にアラブ圏における音楽は、伝統的なものに帰属しながらも西洋的なものから着想を得るという二面性のもとに進展してきた。多少なりとも両者の影響を受けながら音楽が展開しているため、二つの音楽言語が使用されることになって混乱が生じてくる。アラブ音楽再生の中心舞台となった地域での事情について、簡単にその段階をたどってみよう。

イラク、シリア、エジプトではアラブの伝統音楽が保存されていた。なかでも地理的あるいは文化的条件に恵まれていたエジプトが伝統音楽の再生を先導し、芸術としての変化の方向性が明確になっていった。こうしてアラブ音楽の歴史は、カイロを中心として誕生し発展していく音楽言語と緊密に結びついていくことになる。

（2）一九六〇年からLPレコードによる録音が始まり、次いでカイロ・イスラーム最高評議会によりカセット録音が行われた。タイトルは『アルムスハフ・アルムラッタル（*Al-Mushaf al-Murattal*）』である。

I　伝統的形式と、十九世紀ヨーロッパの影響

音楽の全体図の中心に位置していたのはカイロだったが、ほかの中東の都市でも独自の伝統技法による音楽形式が残存しており、たとえばバグダードでは複雑な体系をもつマカームが大切に保存されていた。マカームを尊重する歌手たちは、これらがアッバース朝の古いギナーに由来することを誇りに思っていたのだが、アッバース朝のギナーはトルコ、とりわけペルシアとクルド地域をはじめとする他地域からの影響を強く受けていた。もっともバグダードは、地中海沿いに位置するアラブ世界の中心部分よりは歌と楽器演奏の基本的要素をもとのままの状態で保持しているようである。ヨーロッパからの影響は、エジプトやシリアと比べてイラクの方が格段に少ない。

シリアでは商業と交易の地であるアレッポにおいて、アラブの純粋な歌の伝統が大切に保存されていた。アレッポの伝統的なアラブ歌謡としては、マカームの全技法を駆使するラヤーリー〔yā Leil の複数形〕という即興の声楽、カッド（複数形はクドゥード）という合唱形式の音楽が挙げられる。カッドは、イスラーム期スペインで流行したムワッシャフの一種である。

クドゥード・ハラビーヤ〔「アレッポのカッド」という意味〕と呼ばれるものは、規則正しいリズムを伴う四つの半句の節から構成される詩節《ストロープ》である。脚韻を踏み、最後の半句は応唄または反復の役割を果た

す。カッドのもう一つの特徴は、同一の音楽形式を模範型としながらも、異なる詩句をつぎはぎで使用できる手法にある。このため、しばしば愛の歌とみなされるカッドが、宗教的な賛美の歌として預言者や聖者に捧げられるようにもなった。ムワッシャフと同じように、歌手たちには伝統的なオーケストラの楽器伴奏がつく。

アレッポにはもう一つの音楽ジャンルとして、サマーフと呼ばれるタイプの舞踊があった。単語の形からみると、スーフィー教団のサマーウに類するもののように思われる。一文字違いだが、サマーフはサマーウの意味や性格をもっているようである。というのも、サマーフは「許可」や「認可」を意味するが、サマーウの方は音楽を聴くと同時に忘我となることを意味しており、それを得るためには教団の長から親愛とともに認可されなければならない。おそらくスーフィーによるサマーウの集会がサマーフの歌と踊りの起源だろう。シリアの首都では有名なスーフィー教団がこのような集会を開いており、そこではサマーフが伝統的古典音楽として演奏されてきた。

サマーフはもともとイスティスカー（旱魃の際の祈り）の儀礼を構成する宗教的祈りだったが、しだいに世俗的な娯楽音楽となっていった。サマーフは民衆の祭りや集会のときに、キリスト教徒とムスリムの音楽家によって演奏される。シリア独立後の一九四七年以降、サマーフは公共の音楽教育機関における主要な科目となった。国家遺産に認定された後、一九五七年には「民間伝承」の歌と踊りのための公的な団体が創設され、シリア国内外におけるサマーフの紹介と実演を使命としている。

サマーフからは、韻律的にも音楽的にも一定の構造をもった一種の組曲的編成が出現する。主要なマカーム（最も多いのはヒジャーズ）のなかで独唱と合唱が入れ替わり、ウード、ナーイ、カーヌーン、ケマンチエ（ケマンジエあるいはカマーンとも。ヨーロッパのヴァイオリンに相当）、ダルブッカ（ダルブッケ）、場合によってはダッフなどによる伝統的管弦楽団による変幻自在のリズムに応じて、組曲がさまざまに転調する。主役の座をになう歌い手が、豊富なメリスマと自由なリズムを駆使して特定のマカームの最初の一節《せつ》をソロで歌いだす。次に続く合唱は、二番目の節が打楽器によって刻まれる規則的なリズムを使用する。ソロの歌い手と合唱とオーケストラが会話しているような状態になるが、主役となるのは常に歌い手だ。近ごろでは、アレッポ出身の有名なシリア人古典歌手サバーフ・ファフリーの演奏によるサマーフの収録作品を見かけることが多くなった。

アレッポの名を高めた音楽家たちは十九世紀にカイロへ移住すると、ナイル河畔で自分たちの伝統と芸術を保持していった。やがてエジプトの首都では、シリア出身の芸術家とのかかわりをとおして伝統的歌謡の刷新運動が起きることになった。

アラブの中心となったエジプトは、文化的、社会的、政治的、経済的な面で目ざましい発展を遂げていたが、先述したように古典的ギナーのうちでシェイフやスーフィーたちによって演奏されていたインシャードの形式、地方独特の詩節《ストローフ》であるマウワールのいくつかしか残されていなかった。エジプトでの主な音楽活動は多様多彩な民衆の歌をめぐって展開していたが、都市部ではエジプトを皮切りにアラブ世界全体に広がっていったヨーロッパの音楽が受けいれられるようになっていた。

十九世紀そして二十世紀の三〇年代くらいまでは、西洋音楽のいろいろなジャンルが発展した一方で、アラブ音楽の再生の動きも活発になった。伝統的な系統と特徴を維持したいと考える者もいれば、ヨーロッパの形式からインスピレーションを受けて両者の融合形を創出し、アラブ・ヨーロッパ音楽といえるものを形成しようとする者もいた。このような試みは軽音楽の領域で開花することになる。

ムハンマド・アリーの治世下、断固とした西洋化・近代化政策によって西洋をモデルとする多くの改革が実施され、カイロにやってきたヨーロッパ人たちの手を借りながら音楽でも西洋化が進められた。軍隊音楽が最初の関心事となって一八二四年には最初の軍隊音楽学校が設立され、アラブ世界最初のファンファーレが鳴り響いた。ヨーロッパ人芸術家が取り入れた新しい楽器がもたらした新しい音楽は、伝統的なアラブ音楽とは完全に異なっていてほとんど対立的でさえあった。ファンファーレはやがて軍隊の枠を超え、カイロとアレクサンドリアの公の場でも奏された。ヨーロッパ式の金管楽器と軍隊の行進は、古くから伝わるアラブやエジプトの楽器と歌を祝典からしめだすほどの勢いだった。

ムハンマド・アリーの後継者たちも音楽に興味を示し、エジプトのなかに西洋音楽を取り入れようとした。近代化という考えにとりつかれた副王（ヘディーヴ）のイスマーイールはオペラハウスを建設し、一八六九年十一月十七日にはヴェルディの『リゴレット』が上演された。これに続いて当時流行していたヨーロッパのオペラが定期的に上演された。しかし、ムスリムの君主であった彼は文芸庇護（メセナ）の伝統を復活させ、伝統的な芸術を堅持する歌手たちにも援助の手を広げたことを述べておこう。ヨーロッパ音楽の侵入は、二十世紀初頭になっても続き、このころになるとヨーロッパの大都市にあるコンセルヴァトワールで教育を受けたエジプト人教師によって、西洋音楽が学校で公式に教えられるようになった。公的権威を背景として、西洋音楽の教育、演奏、促進を目的とする組織がエジプト国内に設置された。一九四〇年には国営ラジオ放送専属の西洋式オーケストラが創設されて交響曲を演奏し、一九五六年には堂々たる陣容のオーケストラとなってしばしば西洋から有名な芸術家が招かれた。一九五九年には高等音楽院〔現在のエジプト国立芸術総合大学〕で西洋音楽の全分野にわたる教育が開始された。

これはアラブ音楽が公的に軽視されていたことを示しているのだろうか？　そうではない。一九二九年十二月二十六日にフアード一世は、アラブ音楽の研究と教育を奨励する最初の機関を設立し、さらにアラブ音楽国際会議を招集した。この目的は、「アラブ音楽の特徴と性質を保ちながら、アラブ音楽の普及方法を検討すること」だった。

一九三二年三月には第一回アラブ音楽国際会議が開催され、ヨーロッパの侵略から音楽的遺産を守るという差し迫った必要性をめぐる議論がかわされた。オリエント世界の伝統音楽を本業とする人びとやその愛好者たちのあいだでは、西洋の音楽システム侵入をめぐる危険性を危惧する声があがっていた。

会議の準備と開催にはヨーロッパの音楽学者らも深くかかわっており、ヨーロッパ式音楽の演奏がイスラームの地にもたらす被害をくいとめようとしてエジプト人をはじめとするアラブ人同志と協働した。音楽をめぐる多様な芸術分野の人びとが委員会に出席し、科学的分野、マカーム、リズム、民衆音楽、楽器学、教育、作曲などの重要課題に取り組んだ。ベラ・バルトーク、パウル・ヒンデミット、クルト・ザックス、ロドルフ・デルランジェ、カッラ・ドゥ・ヴォーといった著名な作曲家や音楽学者が参加して会議を大いに盛り上げた。

妥協できない一線をめぐって議論が膠着することもあったが、アラブ的調性による音階の設定、マカームの画一化、西洋楽器の使用などをめぐる根本的な問題の解決法が採用され、アラブ音楽の真の復活に向けた基本方針が提示された。これには、手書き楽譜の出版、古典および民衆音楽の音源資料の作成、古典楽器博物館の創設、伝統的規則に沿ったアラブ音楽教育の強化などが含まれている。会議は深い学識を提示して卓越した方法を数多く創出したが、アラブ音楽の遺産を再生または保護するには十分ではなかった。

この貴重な集まりによる最大の成果は二つある。まず他のアラブ・イスラームの国々と同様、エジプトの声楽・器楽の合奏の録音が許可された。このおかげで今日でも私たちは第一次資料に接することができる。次に、会議に参加した専門家による論考や発表を収録した報告書が二言語〔アラビア語とフランス語〕で出版された。いっぽう、エジプトさらには他のアラブ諸国で生じたジレンマに関しては、めぼしい結果は得られなかった。どうすればヨーロッパ音楽の攻撃に抵抗できるのか？　どうすれば、ヨーロッパ音楽によってアラブの遺産が傷つけられるのを防げるのか？　アラブ音楽の著名な専門家であり、カイロにあるアラブ音楽院の芸術監督でもあったムハンマド・ファトヒーは一九三二年の会議に積極的に参加したが、一九四二年にはあらためて以下のような危惧の念を表明している。

「悲しいことに、ヨーロッパ音楽の形式と統合しながらアラブ音楽を再生するという考えは、我が国ではほとんどの音楽シーンにおいて優勢であり、若者のあいだで多くの支持者を得るようになっている。その結果、骨のない軟弱な歌が一日中繰り返されており、正統なアラブ音楽を忘れさせるほどである。今や私たちの音楽は西洋文明の破壊的な暴風に持ち去られ、消え失せる危機に瀕していると思われる」。

アラブ音楽の信奉者によるこの絶望的な警告はいささか悲観的すぎたと思われる。カイロ会議は教育的見地からは何の効果もなかったが、アラブ音楽に固有の価値を認めてそれの保護に向けた新たな認識を生みだしたからである。この認識は直近のアラブ音楽会議まで受け継がれ、伝統音楽にふさわしい卓越した地位を与える試みがなされてきた。

当時の状況を考えあわせると、攻撃的な「ヨーロッパの悪」に反発できないほどアラブ人の音楽的活力が危機的な状況にあったのではないだろうか？

とは言っても理論家だけでは音楽を創り出せないわけだから、公的権威を持つ組織が音楽の方向性を操作したり、どちらかを阻止しようとしたりしても成功は期待できない。

それでは伝統という場における公的な主導が、エジプトをはじめとするアラブ世界の音楽的慣習をヨーロッパ化することにはどのような影響があるのだろうか？

中世を扱った章で見たように、公的権力からそれなりの庇護を受けていた理論家と、一般聴衆の情感を体現する音楽実践者のあいだには今でも同じような断絶がある。特定の公的分野ではヨーロッパ音楽が浸透しているが、何世紀もかけて形成されてきた民衆の感受性を揺さぶるのは自分たちの音楽だけだ。歌や器楽の演奏における伝統的な部分は、ヨーロッパ的革新にもかかわらず、口伝によってその感受性を保ち続けている。

このような伝統を遵守する態度には二通りの現れ方がある。最も保守的な人たちは、近代化によって西洋的なものから着想をえるジャンルを無視しようとして、文明、言語、文学、宗教などの価値が植民地化によって侵害されることに断固として反対する。とりわけシェイフ、ウラマー、スーフィーといった人たちは、古典音楽という遺産の番人であり、歌や楽器の奏法の面で西洋からの恩恵を受けいれることはない。コーランは何代にもわたる伝統に則って歌うように朗誦され、深い祈りの境地が導かれる。スーフィーによる神秘主義的修道儀礼においても、アラブ世界での縦笛にあたるナーイがウードとならんで重要な位置を占めており、オリエント的な楽器伴奏による本来のインシャードが保持されている。このような宗教的諸集団は、ヨーロッパの侵略に抗して伝統音楽を保護する中心的役割を担ってきた。威光と名声を備えたアズハル大学（在カイロ）のコーラン読誦楽派が、この流れの指導者となっている。

伝統的な楽派に属してはいるが別の流れに沿う人たちもおり、オリエント世界の扉を叩く近代化に対しては柔軟な反応を見せた。彼らは時代に逆らわず、神秘主義的修道儀礼と宗教的集団のなかに閉じ込められた伝統音楽をより多くの聴衆に届けようとすることに意を用いた。基本的には古典的な歌と器楽に基づきながらも新境地を模索し、オペラやオペレッタなどの劇歌、コラールとオーケストラの結合、記譜法をはじめとする西洋からの表現方法を取り入れた。こうしてアラブ音楽における現代的な楽派が誕生することになった。ただし、その表現形態と成果は多岐にわたっており常に新しい道を探っているため、変化の過程を正しく見定めるのは難しい。この楽派をリードしたのは、エジプトの歌手や楽器奏者、作曲家だった。彼らの影響力は非常に大きく、特に二つの大戦間には大衆に向けて音楽を発信して交流する新たな方法が出現したために、アラブ世界を一つにしようとする一方で、豊かで多様な形式を備えたアラブ音楽芸術がもつ地域的特性が犠牲となる展開になることもあった。

II　近現代楽派

1　エジプト

十八世紀末以降、首都カイロを擁するエジプトはイスラーム世界の文化的芸術的権威の中心となり、音楽の動向を先導していくことになった。十九世紀末の数十年間、カイロにはシリアからの優れた事物が流入した。ダマスカスとアレッポから伝統的な音楽が入ってきたことで独自の様式が誕生し、広まっていったことを特記しておこう。エジプトにおける音楽はシリアでの発展と並行する動きを見せ、バグダードが守護していた伝統とは大きく異なっていた。

ここにいたってアラブ現代音楽の歴史は、ウマイヤ朝とアッバース朝の時代をなぞるかのように歌手や作曲家の歴史と重なることになった。ホモフォニーな伝統楽器の伴奏による旋律をもった歌は、作曲家にとっても聴衆にとっても象徴的な存在であり、伝統のもつ最良の部分を具現化してくれる。

伝統的なジャンルに属しながらも新しい楽派を標榜する一人の歌手が、見事な声と完璧な技術を駆使して後に続く芸術家たちの道標となり、近代音楽芸術の基礎を創った。一八四五年にタンタで生まれ、一九〇一年にカイロで没したアブド・アルハムーリーである。彼は現代エジプトの大歌手の多くがそうであるように庶民階級の出身だった。庶民階級からは不世出の音楽家が輩出した。貴族や支配的なブルジョワ階級が芸術にかかわる職業を蔑視していた時代にあっては、しもじもの者以外が音楽家になることは稀だっただろう。音楽家は貴族や上流層の庇護を受けるか、その威信を高めるための演奏で暮らしをたてていた。アブド・アルハムーリーにしてもヘディーヴ（副王）だったイスマーイールのお気に入りの歌手であり、王子や有力者のサロンでその才能を開花させた。

ハムーリーの行跡からは、庶民の出身と宮廷歌手としての活躍という二面性を読み取ることができる。彼は宗教的であれ世俗的であれ、排他的で狭い芸術家集団の枠から音楽を外に出して一般聴衆のなかに置き、当時の慣習を変革した。アラブ音楽が伝統的役割をとり戻したのは、ハムーリーのおかげだった。音楽は実力者の気晴らしや娯楽ではなくなり、伝統ある遺産を受け継ぎながらも民衆の魂の奥底にあるものを表出させることになった。しかしながらハムーリーは、庇護者らの嗜好に合わせなくてはならなかった。文芸庇護にかかわるのはトルクメン系の人びとが多かったこともあって、主にはトルコ音楽が好まれた。ハムーリーの伝記によると、彼は「オスマン朝の首都イスタンブールで音楽を習得した後で帰国し、トルコとエジプトの音楽ジャンルと演奏を統合しようとした」。

こうして、かつてアレッポのシリア人芸術家がカイロにもたらしたムワッシャフやダウルのようなアラブの伝統的ジャンルが権威を回復しただけではなく、オーケストラが結成され、バシュラフとサマーイーというトルコ・ペルシア器楽の典型的なジャンルがエジプトの大衆に広がっていった。つまりエジプト流のアラブ音楽は、伝統的アラブ古典歌謡とオスマン・トルコの影響を受けたスタイルの結合によって誕生したのだった。

近代における復興運動のおかげで、アラビア半島やアンダルシアでは古くからの古典歌謡が大流行した。ストローフ的で音節的な詩に基づいてリズムを刻み明確なアクセントを付けられた、ムワッシャフとダウルである。

ムワッシャフとは、直訳すると「刺繍された、飾られた」という意味である。かつてはコーラスとソロを伴う節《せつ》とリフレインに分かれていたが、のちには主として合唱になった。ムワッシャフは、エジプトで使われていた古典マカーム（ラースト、バヤート、ナハーワンド、ヒジャーズ）に基づいて構成される。また、マスムーディー（八分の四）、サマーイー（四分の三）、非対称のアクサク（八分の九）、ムラッバ（四分の七三）といったリズムも使われる。

近代のムワッシャフは古い言葉や方言で歌われることもあり、著名な芸術家たちによって楽譜に書き残された。しかしながら本来は口頭で伝承されており、有名なムワッシャフのほとんどは無名作者のものとして民衆の記憶のなかで生き続けている。このジャンルにはさまざまな形態があり、東西のアラブ世界で中世以来の命脈を保持しながら、はば広い聴衆を獲得してきた。

エジプトではムワッシャフが変化してダウルが出現した。ダウルは伝統的マカームに基づいて歌われるムワッシャフのように音楽的リズムを刻み、四行詩の形をとる詩節《ストローフ》が使われる。出だしの節は通常はリフレインであるが、リズムの動きの順番はムワッシャフのものとは異なる。

バシュラフ（またはバシュルー）とサマーイーでは、ムワッシャフと同じ楽器が用いられる。バシュラフとはペルシア語で「前奏曲」という意味である。オスマン帝国では広範囲に見られるようになり、控えめなものではあるが、西洋流の管弦楽による再現版も出現した。伝統楽器で演奏されるバシュラフは、主に古典的マカームに基づいているが、主要なイーカーウに挿入されたリズムの動きの違いで識別される。バシュラフには四つの部分が含まれる。それらのあいだにはタスリームと呼ばれる反復句（リフレイン）が置かれて、メロディーと主要なリズムのライトモティーフが繰り返される。タスリームはバシュラフの終結の役割も果たす。バシュラフにはトルコからの色濃い影響が見られるが、アンダルシアとマグリブのナウバとも関連があるようだ。アンダルシアとマグリブでは、ムワッシャフに先行する器楽様式としてナウバが存続している。

サマーイーはムワッシャフとダウルの関係と同様にリズムを示す言葉としても使用され、器楽演奏の形態の一つである。サマーイーはバシュラフからわずかに変化しているが、構成はほとんど同じである。

ハムーリーとそのグループが重視した音楽や器楽のジャンルは、エジプト以外でも受けいれられた。聴衆の多くは自由なリズムで歌われる一般的なメロペ（叙唱）を好むからだ。この芸術は伝統的な音楽集団をこえただけでなく、職業的な歌手や踊り手が民衆的な様式で演奏していた。職業的な歌手や踊り手はアーリマ〔複数形は、アワーリム。日常語ではアルメとも呼ばれる〕と呼ばれ、いささか唐突ではあるがイスラーム以前のアラビア半島にいたカイナの古典的役割を思い起こさせる。彼女たちは娼妓のようなものであり、特に才能がある者は宮廷歌手と競うことになった。十九世紀末のエジプト上流社会ではアルマズのような人物が人気を博し、ハムーリーを凌駕することもあった。

ハムーリーの亜流となる者はほかにもいたが、そのなかでも名高いのはムハンマド・オスマン（一八五五—一九〇〇年）である。ムワッシャフは彼によって大流行することになった。

シェイフのサラーマ・ヒガーズィー（一九一七年没）の時代になると、音楽の近代化はさらに進むことになった。十九世紀初頭のエジプトでは演劇が発展し、しだいに大衆の人気を得た。音楽は演劇をとおしてより多くの聴衆を獲得することができた。当時はヨーロッパのオペラが音楽芸術の頂点にあるものと考えられたこともあり、このような傾向には拍車がかかった。ヒガーズィーはエジプトの主要な演劇に抒情歌を取り入れ、いささか大げさに表現すればアラブ・オペラと呼ぶべきものを作曲して歌ったのである。

このような努力にもかかわらず、抒情歌はある種の特権階級のあいだにとどまっていた。伝統的古典様式は、厳格に定義された規範のなかで凝り固まっており、他のアラブ諸国同様エジプトでもはば広い聴衆の好みを満足させることはできなかった。

一九二〇年代になると、エジプトの現代音楽家中で最も才能にあふれた大音楽家サイイド・ダルウィーシュ（一八九二―一九二三年）によって音楽技法が飛躍的に発展した。ダルウィーシュは、エジプトから国境を越えて広まっていったムワッシャフやダウルといった古典様式の曲を作曲し、同世代の音楽に素晴らしい貢献をした。ダルウィーシュは民衆のフォークロアから彼独自のインスピレーションを得ていた。貧しい家の出身であったダルウィーシュはアレクサンドリアやカイロの下町に足しげく通っては地元の歓待を受け、庶民的が慣れ親しんでいる歌や器楽曲のテーマを追い求めた。道端の呼び売り商人の声、ナイルの船頭のかけ声、田舎劇団、農村の儀礼や祭り……。そういったものが、ダルウィーシュを魅了してインスピレーションを与え、豊かな素材を提供した。彼はその素材を組み合わせることで、エジプトさらにはアラブ世界で大流行する数々の名曲を生みだした。

サイイド・ダルウィーシュは芸術音楽と民俗芸能の要素をもつ民衆音楽の中間に立ち、「新ポピュラー」と呼ばれる歌を作った。彼の革新性にはヨーロッパ化された部分もあるが、オリエント世界あるいはアラブ的なものに備わっていた本来の個性と構造を壊すものではなかった。今日でも、少なからぬ作曲家によって過度にアレンジされた曲を耳にする機会があるが、いまだに聴衆を獲得しているという事実はサイイド・ダルウィーシュの才能が正当なものであったことを示すものだろう。サイイド・ダルウィーシュは「アラブのヴェルディ」になることを望んでいた。彼はまさに現代の吟唱詩人だった。

現代の最も偉大なアラブ人歌手ふたりは、これらの先駆者と同じ楽派で教育を受けた。一九三〇年以降アラブ芸術に大きな足跡を残した、ムハンマド・アブド・アルワッハーブと、大衆のアイドル、ウンム・クルスームである。両名はともに一九三〇年には輝かしいキャリアを歩み始めたが、まだ二十代であった二人がたどる道のりは異なっていた。アブド・アルワッハーブは熱気を帯びた声とよく通る柔軟性のある声域の持ち主で作曲家でもあった。初期のころに作った伝統に忠実な歌のための詩やマウワールは傑作として残っている。アルワッハーブは時流に乗ってヨーロッパ音楽を取り入れ、自分の形式を少しばかり犠牲にしてテーマもかなり変更したらしい。ヨーロッパ的なメロディーラインと雰囲気を伝統的な音楽に付加したことで大きな影響力をふるい、アラブ世界における新世代の歌手や芸術家は競うようにしてこのギナーの名手に倣うことになった。

アラブ音楽の愛好者がウンム・クルスームに感じた魅力は、また違った種類のものだった。彼女の魅力は優れたギナーの技巧とたぐいまれな美声にあった。

アブド・アルワッハーブとウンム・クルスームの時代、アラブ世界にはヨーロッパ音楽の新しい波が押し寄せた。これによって影響を受けたのは「ヨーロッパ・アラブ音楽」とでも総称できる軽い歌だったが、伝統音楽の分野にはまったく影響が出なかったというわけではない。ヨーロッパ音楽による攻勢の結果、声楽曲では和声様式が採用されるようになり、伝統的オーケストラでも西洋楽器が使用されるようになった。したがって第一回会議に続く時期には、進取の気風がわきおこっただけではなく混乱も生じた。一九六九年十二月十五日から二十三日に開催されたカイロ国際会議の後にも、一九三二年の会議のときと同じような状況が見られた。

アラブ音楽をめぐる二言語変種併用状況が新たに注目を浴びるようになった。古い遺産を保護することに執着する者がいる一方で、西洋で使われる言語の普遍性を信じてそこにアラブ音楽そのものを結びつけようとする動きが出てきた。アラブ連盟がアラブ音楽を扱う二つの会議を開催したことで、複数の公的機関が関心を示すようになった。この二つの会議とは一九六四年のバグダード会議と、一九六六年のモロッコ会議である。過去の遺産の変形とすべきなのか、保持とすべきなのかは明言できないのだが、すでにマグリブでは伝統的なオーケストラでヨーロッパの楽器が使われていたし、全音階をもつ声楽や器楽の形式には西洋からの影響が見られることもあって状況はかなり入りくんでいた。

モロッコ会議の最終勧告では、古典的あるいは民衆的な伝統楽器の使用とそれらの機能を保全することに配慮がなされたものの、四分の一音を出せるヴァイオリンと同種の弦楽器をオーケストラや楽団で使用することが認められた。さらに会議での許可がおりたため、全音階ジャンルの演奏であっても必要な場合はアラブ調性に適用し、オーケストラがヨーロッパの平均律音階の楽器を使用するようになった。音楽に芽生えてきた新しい意識を示すものとしては、アラブ諸国の文化省が結成した合唱とオーケストラのアンサンブルがある。オーケストラは生粋の伝統楽器から構成され、正統を堅持することを使命としてさまざまな古典音楽のジャンルを演奏した。

こうした状況のもと一九六九年十二月には第二回アラブ音楽国際会議が招集され、百人ほどの音楽学者、民族音楽学者、音楽理論研究者、作曲家が、アラブ、トルコ、コペンハーゲン、パリ、ジュネーブ、東西ドイツ、スペイン、ハンガリー、ルーマニア、ソ連、アメリカから参加した。会議では四十年ほど前の先人たちが話しあった問題があらためてとりあげられたが、問題が複雑なため、一週間の開催期間では解決策を見いだすことができなかった。一九三二年の会議と同様に、器楽音楽の将来を見通すのはもちろんのこと、マカームやリズムに関するコードの統一についても明確な結論に達することは困難だった。

しかしながら、微妙な差異や地方色こそが伝統を魅力的で豊かなものにしているのに、いかなる犠牲を払ってでも統一することは本当に望ましいのだろうか？　このような技巧面での疑問とは別に、アラブ音楽固有の大問題二つも浮かびあがってきた。古来の伝統のなかで古典的あるいは民衆的芸術を生きた形でどのように保護していけばいいのか？　オリエント的な源泉を身近に感じながらも西洋的な遺産に寄り添おうとする現代音楽の新様式を受けいれながら、音楽の世界的な動きにどのようについていけばよいのか？

西洋とアラブ世界の参加者のあいだでは、当初から立場の相違があった。前者はマカーム、ムワッシャフ、タクスィームは尊ぶべき遺産であり、西洋伝来のあらゆる試みから保護すべきという立場をとったが、後者にしてみればこの生きた音楽を博物館の陳列品にする理由がわからなかった。このような立場の相違を深く議論するところまではいかなかったが、専門家たちが提出した二十五件の報告はアラブ音楽をめぐる議論がもたらす複雑な状況に光明を与えることになった。同報告の内容ははっきりと二つの分野に分けることができる。一つは、外国によるあらゆる侵害や変形から、伝統としての民衆音楽や古典音楽を保護しなくてはならないという主張であり、この方向で多くの最終提案がなされた。たとえば「あらゆる変形や変更の試みから口伝の遺産を保護する」（XVII）、「アラブ諸国で使用されているマカームを収集する」（I）、「アラブ世界の芸術音楽や民衆音楽の様式とジャンルを総合し、これらの音楽全般に関する網羅的で百科事典的な音源アーカイヴを作成する」（X, XII）などである。また会議において実用的な見地から奨励されたのは、カイロの例に倣って伝統楽器のみで古くからの音楽遺産を演奏するアンサンブルをアラブ世界に創ることであった（V）。

他方、近代化に賛同する人たちは、「進歩的アラブ音楽」（ムースィーカ・ムタウワラ）というジャンルが学術会議で認可されたことに満足したようである。エジプトではこのジャンルは、オリエント的な着想による西洋風の構造をもつ新しい音楽を指していた。おそらくはアラブ音楽も進化しつつあるということなのだろうが、伝統的な音楽風土のもとで育ったアラブの作曲家たちは西洋的技術を用いて楽曲を組み立てながらも、一定の特徴をもつ独自の様式を生みだしている。ここでは平均律音階、装飾音、アラブの大衆的フォークロアといったものとからみあったマカーム様式が見てとれる。何人かの作曲家は交響曲に伝統楽器を導入し、タクスィームの演奏を取り入れた。

こうして特にエジプトでは、新しい言語で表現しようとする作曲家の主張を掲げる楽派が形成された。交響曲の作曲家であるアブー・バクル・ハイラトは、オーケストラやカーヌーンのための民族色の強い組曲を作曲した。アズィーズ・シャウワーンは、アンタル物語というエジプトのフォークロアから着想を得てオペラを作曲した。ガマール・アブド・アッラヒームがピアノとヴァイオリンのために作曲したソナタは、一定水準の技術的完成を示している。パリ音楽院出身のサーミー・ハーフェズ・モハメドは、中東世界の雰囲気を醸し出すオペラを作曲しようとした。興味深いことに彼らの作品には、アジア的イスラームから着想を得たロシア音楽のように特有の雰囲気が感じられる。ただし、新進作曲家のスライマーン・ガミールは例外である。彼の作風はことさらにアラブ的であり、古典マカームはもちろん、民衆音楽の正道と言えるスーフィーやコプトの音楽からインスピレーションを得ている。彼は試行錯誤しているようだが、懐古主義を振りかざして頭ごなしに批判するのは不当だろう。こういう試みから豊かな音楽の未来に向けて道が切り拓かれていくからだ。

2　レバノン

六〇年代以降のベイルートでは、新しい様式による多彩な歌が次々と生みだされた。この様相を前にしては驚くしかない。

大胆な革新を目的としたこの動きは、時代の趣向にあった声楽と楽器の様式と技法を採用しながら部分的に西洋に倣っている。特に楽器や声楽の技法や旋律的テーマは西洋の地中海側地域にみられる多種多様な歌が持つ新形式に近い。すぐには気づきにくいがある種の多声音楽が合唱に導入されており、アコーディオン、電子オルガン、リズムボックス、シンセサイザーといった平均律の楽器が伴奏となることでオーケストラアの規模が大きくなっている。

しかしながら大きな方向性としては伝統的なアラブ音楽の基本的な仕組みに倣おうとしている。この仕組みには、マカームから着想された微分音程による旋法の体系、オーケストラにおける古典楽器の位置、ムワッシャフの型による韻律法の構造などが含まれる。ただし、有名な女性歌手ファイルーズの威光なくしては、このような芸術がレバノンの国境を越えて流行することはなかっただろう。たぐいまれな魅力と柔軟性を備えたファイルーズの美声はいささか甘きに流れる傾向があるが、彼女はウンム・クルスームの存命中からアラブ世界の女性歌手のなかで、最も高い評価を受ける一人となった。ファイルーズの成功は、彼女の声のために曲を作ったレバノン人作曲家、ラフバーニ兄弟によるところが大きかった。兄弟の一人であるアースィーはファイルーズの夫になっている。ラフバーニ兄弟はレバノン軍楽隊のファンファーレを指揮した経験があり、アラブ系というよりは地中海系の音楽ジャンルの創始者となった。彼らはレバノンの豊かで濃密な民衆音楽から基本的な要素を採用し、また、最も人気があったサイイド・ダルウィーシュの歌をアレンジすることによって自分たちの様式をアラブ世界に広げていった。さらに、ムハンマド・アブド・アルワッハーブを手本として、レバノンのフォークロアやアラブの歴史的テーマに着想を得たオペレッタ形式の音楽も創作した。もっともこの音楽活動は商業的なものであって、芸術的な重要性はあまりなかった。

3 イラク

イラクの音楽は、エジプトやシリアにおける音楽の伝統に属してはいるが、自らの伝統を保持することによって独自の性質を示している。バグダードでは歌手も楽器もアッバース朝時代からの楽派の流れをくんでおり、芸術音楽の分野ではマカームこそが至上のものとみなされていた。ここでは自由で装飾的なリズムに乗って、古いマカーム旋法に沿った詩的テキストによる即興的な歌が歌われ、ジャールギー・バグダーディーと呼ばれる少人数編成の伝統的なオーケストラが伴奏をつける。このオーケストラは、かつては四つの楽器で構成されていた。イランでも見られる台形のツィターで七十二本の弦を二本の細い棒で叩くサントゥール、巨大なココナッツで作られた擦弦楽器でケマンチェのような音色をもつジョーザ、二種類の打楽器ドゥンブクとダッフである。アラブ古典音楽で使われておりナッカーラと呼ばれる対になった小型のティンパニーは、イラクでは一九三〇年代くらいまで使われていたが廃れてしまった。その一方、ジャールギー・バグダーディーはナーイ、ウード、カマーン、エジプトやシリアで使われているものを真似たチェロなどの楽器を加えて充実していった。

マカームの演奏にかかる技巧と規則は、主に十九世紀から二十世紀前半に活躍した名手らが、口伝をもとに構築してきた。それぞれのマカームは、前奏曲（タハリール）による旋律的な形式で始まり、終結部（タスリーム）で終了する。この二つの軸のあいだで、歌い手とオーケストラは、支配的マカームの旋法的雰囲気から乖離しないという条件に従いながら、別の類似する二次的マカームのなかでミヤーナ〔イラキ・マカームの演奏で、中間の最高ピッチの部分〕と呼ばれる旋律的・リズム的グループを展開していく。通常、規則正しいアクセントが付いたリズムのパスタという名の嬉遊曲（ディヴェルティメント）がマカームに続く。パスタとはペルシア語で「繋がり」を意味し、主要なマカーム中で展開する。ほとんどの場合は詩節《ストローフ》と音節を用いる詩を使用し、弦楽器とパーカッションを伴う合唱に引き継がれて反復句〔リフレイン〕を形成する。

バグダードには、アラブ世界におけるほかの中心地と共通する七つの基礎的マカームがある。ラースト、バヤート、セーガー、サバ、ジャハールガー、フサイニー、ヒジャーズである。それぞれのマカームには補助的なマカームが付随する。この多様性こそがイラクのギナーの特徴となっているが、声楽と器楽の技巧面ではトルコ・ペルシア系の伝統とのあいだに類似性が認められる。マカームの総数については、民衆音楽で使用されるものまで加えると九十にのぼり、そのうち四十ほどは古典音楽愛好家たちの定番としてバグダードが誇る歌手たちによって歌い継がれている。

ティグリスの河畔で活動し、正統な伝承を保持していた楽派には権威筋からのお墨付きがあった。名手たちの頂点に位置するのは一九〇一年生まれのムハンマド・アルクッバンジーだった。マカームの歌い手として絶大な名声を得ていたアルクッバンジーの活躍をとおしてかつての名手たち――アフマド・ザイダーン（一八三二―一九一二年）とラシード・クンダラジー（一八八六―一九四五年）――も脚光を浴びることになった。アルクッバンジーの弟子であったナーズィム・アルガザーリーは若死してしまったがマカームの技巧に秀でており、イラク随一の歌手と評された。ナーズィム・アルガザーリーの後は、ユースフ・ウマルが後継者となったが、一九八六年に他界した。ジャミール・バシール〔一九二〇―一九七七年〕とムニール・バシール〔一九三〇―一九九七年〕は、バグダードの偉大な伝統であるウードの演奏を刷新しながら継承している。

器楽音楽について。イラクは器楽音楽、より正確にはタクスィームの技法を復興し、国際的な支持を得ることになった。

バグダードではウードの新楽派が創られて発展の道を歩んでおり、次に挙げる二名――イラン出身の弦楽器製作者であるウスタ・アリー・アルアウワード〔ウスタは尊称〕と、ウードの名手であるトルコ人のアッシャリーフ・ムヒッディン・ハイダル――を忘れることはできない。二人ともにバグダード在住であり、前者は音色がなめらかになる弦の製造を得意とし、後者はトルコ・イラン・イラクの古い伝統によるマカームに適合するような弦の調律方法を体系化した。ハイダルの弟子であるサルマーン・シュクル、イラク北部出身のキリスト教徒であるジャミール・バシールとムニール・バシールの兄弟は、タクスィームの技巧を発展させつつ、アラブ音楽の黄金時代にひけをとらないほどの高い地位までウードをひきあげた。

ムニール・バシールは、タクスィームをめぐる思考様式そのものを根本から変化させるため、ウードが軽視されている状況を変えようとした。それまでのウードは比較的短い反復進行として合いの手や、近代的なオーケストラのなかであまり重要でないパートでしか使われてこなかったからだ。彼はタクスィームに新たな息吹を吹き込み、インドのシタール演奏家による即興に範を求めた。その結果、ウードの演奏は神秘的瞑想を思わせるような展開となり、ムニール・バシールの指先によってソリストのための代表的な楽器となった。彼の芸術的演奏は、一九七一年春にジュネーブで開かれた最初のコンサート以来、ヨーロッパの音楽シーンに強いインパクトを与え続けており、聴衆は録音をとおして質の高いマカームの演奏に親しむようになっていった。

ムニール・バシールは、アラブ世界や国際的な場で伝統音楽のプロモーション活動を行った。はなばなしいものではなかったが、ここに記しておくだけの価値はある。一九六九年四月にフェズで開かれた会議ではアラブ連盟に「音楽アカデミー」が設立され、ムニール・バシールはその中心人物となって、バグダードを中心とした伝統音楽を普及させて再評価への道を探った。アカデミーの常設本部はイラクの首都に置かれ、ムニール・バシールが事務総長となった。一九六四年に開かれた最初の会議以来、バグダードではアラブ音楽の国際会議が何度か開かれるようになり、報告書には未来に向けた多くの提案がもりこまれた。しかしながらアラブ音楽の未来を決めるのは、会議に集った学者たちではなく、楽器製作者や演奏者による日常的な生きた実践にかかわる後世の人たちだろう。現代においてもアッバース朝時代と同じ問題が浮かびあがってくる。

4 アラビア半島と湾岸地域

今日のアラビア半島のギナーは、アラビア語圏全域に共通してみられるものと同じだが、南東部では二種類の遺産が重なりあって形成された特徴的な詩と音楽の伝統が保持されている。

a）一つ目は、砂漠そのもの、あるいは「ベドウィン」（アラブ遊牧民）と称される人びとに由来するものだ。ベドウィンの生活形態としては、遊牧、半定住、定住を問わない。これは真にアラブ的な遺産である。

b）二つ目は、周辺地域の文化（アフリカ、イラン、インドなど）の影響や相互作用によるものであり、今日では湾岸地域の伝統音楽と呼ばれている。

これは「統合」であって、雑多なものの並置や混成ではない。異なる民族の移動、進入、侵攻がもたらした共存から多様な音楽表現が生みだされたのは確かだが、イスラームとアラビア語がかなり早い段階からあらゆる伝統を覆い、多様で人間性豊かな文明の統一的基盤となっていたからだ。なかでも言語面でのアラブ化が統合的な特徴をもたらし、これが常態となっていく。アフリカの黒人が行うザールでのタンブーラ演奏、インド・イラン由来の一群の歌や踊りであるフッバーンといった特定民族の音楽伝統は今も残っているが、それ以外の伝統音楽は特定地域における同化や統合化の結果なのである。

アラビア半島における伝統音楽の歴史はイスラームの出現以降については比較的容易にたどることができるが、起源や変遷、時代ごとの影響について概略を述べるには資料が不足しすぎている。したがって以下に述べる歴史は、第一章で説明したアラブ音楽史とほとんど変わらない。

芸術音楽と民衆音楽を区分するのはさらに難しい。区別するための基準が主観的になり、適当なものになってしまう危険性があるからだ。文化の地域性という領域について言えば、砂漠の民（ベドウィン）の文化と都市文明の共通の源である遊牧の暮らしを過大に考えてしまうため、本来あるべき場所ではないところに学問的区分を設けてしまうことになる。ベドウィン的な属性をもつ歌については次章で触れることにし、以下では、湾岸諸国において古典の伝統に属していると考えられているソートについてのみ述べておこう。

「ソート」（古典アラビア語では「サウト」）〔声楽曲。『千一夜物語』にも登場〕というジャンルの音楽は、アラビア半島で今日でも奏されている。たいそう興味をそそる説によると、アブー・アルファラジュ・アルイスファハーニーの『歌の書』にも登場するように、サウトと呼ばれる古い規範的なアラブ音楽に属するらしい(3)。

音楽史研究者のなかには、湾岸諸国で歌われるソートの特徴や最近の演奏についての精査に基づき、アラブ以外の場所に旋律とリズムの起源を求める人たちもいるようだ(4)。また、ソートは古典アラビア語で歌われるだけではなく芸術音楽の楽器であるウードの伴奏がつくが、民族音楽学者たちによると、おそらくはイラン・インド、さらにはアフリカからの影響が明示されるリズム的あるいは旋律的な特徴を備えているらしい。

湾岸におけるソートの誕生については、初期のころから実践にかかわってきた人たちが説得力のある証言を残している。このジャンルの創始者は、著名な詩人であり音楽家であったクウェート出身のアブダッラー・ムハンマド・アルファラジュ（一八三六―一九〇三年）だった。ファラジュは古典ウードを伴奏楽器として導入するうえで、先駆者的な役割を果たした。ウードが伝えられたのは早くても十九世紀の終わりであり、過去の事情に詳しい人たちの証言によれば、純粋にアラブ様式によるウードの導入は比較的新しいらしい。「……（ファラジュが活躍していた）当時知られていたのは、木の一部をまるごと使ったインド製のウードだった。……一九三〇年代までのクウェートには、インドから海路で運ばれてきたウードを弾いていた人たちがいた。スークからインドのウードが消えるとシリア系のシャーミー（Shāmī）〔アラビア語で、「シリア（人）の」という意味〕と呼ばれるウードが広まった[5]……」

アラブ（シリア）のウードが最近になって導入されたことは注目に値するが、アブダッラー・ムハンマド・アルファラジュについて強調しておきたいのは、彼のインスピレーションのもととなって決定的な影響を与えた場所はインドにある港町ムンバイであったということだ。ムンバイはインド洋航路の要であり、アラビア半島の南部や東部と海路で結ばれていた。

アブダッラー・ムハンマド・アルファラジュは、ボンベイに移住した裕福な商人の跡継ぎとして、「インドの学校」で教育を受けた。同時に彼は「比較的大規模なイエメン人居住地に通い、その音楽に親しんでいた。……彼らは音楽（タラブ）をたいへん好んでおり、他の民族とは交流しようとせずにアッバー

（3）Cf. Aḥmad ʻAlī, *Al-Mūsīqā wa al-Ghināʼ Fī al-Kuwait*（『クウェートの音楽と歌』）, Kuwait, 1980.
（4）前掲書 pp.5-7 のアフマド・アルビシュル・アッルーミーによる序文。
（5）前掲書 p.7 のアフマド・アルビシュル・アッルーミーによる言葉。

ス朝にさかのぼる純粋な伝統を守っていた」。

この話から得られる仮説はたいそう魅力的なのだが、現時点で私たちがもっているイエメンの歌に関する知識からは確かなことは言えない。声や旋律の面での類似点については、漠然としたことしかわかっておらず、アラビア語を話す他の地域の音楽、もっと言えばインドの歌にさえ共通点を見いだすことができる。湾岸諸国、なかでもクウェートやバーレーンで継承されているソートが持つ基本的な特徴のうち、確実なことがわかっているものは一つだけだ。

旋律やリズムの面で規律から自由になったソートの歌詞——文語アラビア語で書かれている——は、カスィーダをモデルとしており、伝統的な韻律型に基づいた句の切れ目や単一の脚韻によって長短の詩句を並置する。さらにソートにはムワッシャフにより近いと思われる特徴もあり、韻律法の様式、単純な統語的構成、共通したステレオタイプ的な定型表現、歌に最適な韻律形式などが挙げられる。詩はもっぱら愛の描写（ガザル）をテーマとしており、日常生活の息抜きにはなるだろうが特別な社会的な意味合いがあるわけではない。ソートは男たちの集まり（ディワーニーヤ）に限定されており、一種の芸術集団ともなって作家や詩人や音楽家を輩出した。

音楽としてのソートは本質的には声楽音楽であるが、ダンス、歌、器楽によるリズミカルな伴奏といった多様な要素によって一体的に表現される。

歌手や音楽家は名人のもとで修業を続け、やがては自らが大切な役割を引き継いでいく。彼らはソートをめぐる技法の権威とみなされるようになり、それを生業としながらも守っていく役目を担う。ソートの担い手はたぐいまれな美声に恵まれ、楽器を演奏する能力はもちろんのことギナーの面でも抜きんでていなくてはならない。彼らはウードを弾きながら歌うばかりでなく、その時々の直感に従ってタクスィームを即興する。

ギナーの部分にはグループ(たいていは男性)による伴奏がついてムガンニー(歌手)が歌うようになる。このグループはリズムを強調するために、複数によるリフレインと手拍子(サフガ)でソートを繰り返し刻んでいく。このサフガは、最初のテンポのシンコペーション〔強拍上に休符を置き、弱拍の音を強調する〕と二等分割が交互にくる、キリスト教の聖務日課の応唄聖歌集のようなかたちをとっている。ここに男性による踊りが加わり、手本となる踊りの型には厳格な決まりごとがある。

ソートは旋律とリズムが反復する連続体であり、東アラブのサマーウやマグリブのナウバといったジャンルに近い。これら三つの音楽形式は、ウードによる古典様式のタクスィームの序奏から始まり、ソートにとっては中核となる詩節つまりムワッシャフを構成する自由リズムによるレチタティーヴォを含んでいる。ミルワースという打楽器によるリズムが、このジャンルの特徴となるグループ歌唱のパートを支えるように導入される。しばしば中断されたままの旋律的な短いフレーズが詩節を細かく区切り、最後の部分がリフレインの役目を果たす。

ソートの旋律構成がホモフォニックかつ旋法的であるとしても、アラブ音楽学者が主張するようにこれを体系化してマカームと同列に置けるかどうかについての判断は流動的だ。先入観を排除すれば、少なくとも歌の部分に関してはこのような認定は不可能だろう。ソート独特の構成による展開のなかには、いささかハイブリッドな構成を別にすると各マカームに固有のテトラコルドや微分音程の連続、さらに旋律とリズムの形式の連続を見いだすことができないからだ。ソートでのウードは古典マカームの定型を範としており、声が合わないまま微妙にずれていくので、結果として明確に異なる二つの旋法が並置されているような構成となってしまう。

つまりムガンニーの演奏方法をみると、発声法、装飾法、分節法、さらには声楽の技巧においてさえ、現代アラブ世界における古典歌手の実践とは著しくかけ離れている。ソートの音楽については、オマーンを含む湾岸地域がもつ海洋文化の地域性との関連でとらえなおす必要があるかもしれない。再度述べておくが両者の類似点をめぐっては、アブダッラー・アルファラジュが過ごしたムンバイの国際都市的な風土、ムンバイにおけるイエメン人たちの居住地域が鍵となる可能性が高いだろう。

ソートに与えられたさまざまな呼称、シャーミー（シリアの）、アラビー（アラブの）、ヤマーニー（イエメンの）、バフライニー（バーレーンの）が示唆するのは、起源というよりむしろ韻律や旋律の構造、演奏方法、リズム構成という面でのバリエーションだ。ソートは湾岸地域、特にクウェートとバーレーンに特有のジャンルのように思われ、これに相当するものはシリアやアラビア半島では確認できていない。現在の演奏で特徴的要素とみなせるものは、［図10］に示すような簡素化されたリズム構成である。

［図10］

しかしながら、ソートの影響はアラビア半島南部全体におよんでいる。特に第二次世界大戦以降に流行したレコードの流通により、アデンとムカッラの港を往来していた唄歌いがイエメンに広めていった。影響の度合いを明らかにするのは難しいが、遠方をつないでアラブ諸国間の交流を促したという点では、「バイダフォン」社と「オデオン」社が大きく貢献した。今後はカセットがさらに広めていくだろう。

5　イエメン

古代文明の地であったイエメンでは、何世紀にもわたって固有のギナーの技術が究められていった。この歌は、古くからの都市であるサナア〔アラビア語で「サヌアー（Sanʿā）」〕にちなんでサヌアーニーと呼ばれている。サヌアーニーは独特のウード演奏を伴っており、その技法は古典期のミズハルを彷彿とさせる。今日でもサナアのギナーはもとのかたちを比較的よく保持しており、歌手はウードの伴奏にのって二つの形式を展開する。一つはカスィーダによる長い歌でムタウワルと呼ばれ、もう一つは主に踊りに付随してシンコペーションのアクセントが付く長歌のサリーウである。

国際港のアデンをはじめとするイエメン南部では、エジプトからの影響が顕著にみられる。アデンの名を冠した独特の三要素からなるリズムはイーカーウ・アダニー〔アデン風リズムという意味〕と呼ばれており、アラビア半島の東部と南東部の全域で大流行している。

6　マグリブ

アラブ世界のもう一方の端マグリブに目を向けると、ギナーの多くの古典ジャンルが、形を変えながらも敷衍的な内容を保持していることがわかる。そのなかにはローカルな影響を受けているものもあれば、イスラーム系スペインから伝わった古いアラブ・アンダルシア音楽の名残が反映されている場合もある。この分野で最も演奏され評価され続けているのは、さまざまな形のムワッシャフである。ムワッシャフは、「組歌」とでも訳されるナウバまたはヌーバのなかに現れる。これは器楽と声楽から構成され、正確なリズムと旋法の規則に則って順番に展開される。この旋法システムには、東アラブの主要なマカームのいくつかが見られるが呼び名は異なっている。芸術家たちが演奏するメロディーラインの構造に着目するのであれば、用語の不一致は混乱を招くと思われる。

ナウバの配列を模式的に示すと次のようになる。オーケストラについては東アラブ世界とは異なって西洋の楽器が加わり、バシュラフを想起させるような形で始まる。バシュラフは、イスティフターフ（前奏曲。モロッコではミシャルヤと呼ばれる）、ムサッダル（展開）、タウク・アルムサッダル、スイルスイラ（第一および第二応唱）、ハトゥム（終曲。アルジェリアではハラースと呼ばれる）という構成になる。「応唱」の後、一連のブタイヒーとバルウェル（八六ページの譜例を参照）で演奏されるリズム周期に従って、独唱と合唱が挿入される。これに加えて演奏の最後には、楽器と声楽のそれぞれの動きが、次の部分の導入を準備するためにリズムを加速する。これはムサッラフと呼ばれる。ナウバにおける各々のマカームは古典期のマーフーリーのリズムの場合と同様に、ムサッラフを伴うこともできる。

ナウバは古典マカームにも適合し、各ナウバに設定されたマカームのもとで旋法的に変化していく複数のマカームにつながっていく。しかし演奏の際には、歌い手や弾き手はそれぞれのナウバに固有な特性を引き出しながら、一定のマカームに従っている。中世には二十四の古典マカームに対応する二十四個のナウバが定められたが、現在では十程度に減っている。そのなかではナウバト・アッズィールが最もよくみられ、特に好まれている。

文学形式としてみるとムワッシャフは、東アラブ世界にみられる民衆音楽的方式による韻律に従い、五、六、七、八音節で構成されている。チュニジアとアルジェリアでは、ムワッシャフは民衆的形式になってマルーフと呼ばれ、アラビア語方言で歌われることが多い。この伝承を保つため、コンスタンティーヌではマルーフの楽派が生まれている。

最後に、調性と旋法の体系の面でアラブ世界の二つの地域を分ける違いに注意を払っておこう。東アラブ世界の自然音階は四分の三音という単位に基づいているが、西アラブ世界（マグリブ）の音楽は西洋の平均律により近い。さらに別の違いもある。前者の旋法体系はさまざまなマカームから構成される旋律様式の組み合わせや混合によってなりたっている。しかしマグリブのナウバではマカームが一定しており、イーカーウもしだいに一定するようになる。声楽や器楽における装飾音のアラベスク様式についても同様であり、東アラブ世界の芸術家たちはマグリブにみられる単純で節度あるメロディーラインとは対照的に、ときとしてこれを過剰に使用する。これら二つの感性は、互いの表現に対して異なる反応を示す。東アラブ世界の人びとにとってナウバのメロディーラインは単調に聞こえるし、マグリブの人びとはギナーの巧みで豊かな色調に戸惑うのだ。なぜこのような奇妙な状況が生まれたかについて歴史的に考えてみると、さまざまな結論にたどりつくことになる。

第四章　民衆音楽

豊かとは言えない源泉からの流れを伝えてきた民衆音楽については、一九三二年の第一回アラブ音楽国際会議が開かれるまで話題にさえのぼらなかったが、同会議においてはじめてその重要性が注目されることになった。同会議の報告書には次のような記載がある。

「録音委員会は、田舎の音楽と日常生活の歌が示す重要性を提示することにした。都会の洗練された音楽の向こう側には、仕事歌、船頭歌、子守唄、街頭での呼び声をはじめとする素朴な音楽がある。これらの歌はほとんど知られておらず、現在の急激な発展のために失われてしまう危険性がある。これらの音楽は古来の伝統を受け継いでいるだけではなく、古風な表現を足がかりとして古典音楽の理解を助けてくれる」

同会議の開催より先、アラブ人と西洋人の双方を含む音楽研究者らによる従来の研究においては、アラブ人を含むさまざまな人びとが伝えてきたもう一つの音楽遺産、つまり民衆音楽はある種の偏見に包まれていた。いわゆる民衆音楽とはかつての古典音楽が歪められた欠陥品にすぎず、芸術作品が民衆のあいだに広まった結果、教養のない人びとが使うようになった音楽の類いであるとされていた。民衆音楽とは古典語に対する方言のようなものであり、方言と同様に各地方に根づいた音楽的伝統による未発達な表現形式とみなされる傾向が最近まで続いていたのである。ただしここで事実を述べれば、民衆音楽と古典音楽のあいだに起源的な関係はほとんどない。すでに述べたように、古典音楽および民衆音楽の起源が同じだとすると、どちらかが先に生まれ、どちらがより重要であるという議論になってしまうだろう。ここでもまた、ヨーロッパ的モデルに従った時代遅れの比較によって問題が歪められたと思われる。

I　アラブの音楽言語の二重性

西洋では古典ポリフォニーと和声が発展すると、都市を中心とする知識階級のあいだで洗練された精緻な芸術音楽が生まれ、徐々にではあるが民衆音楽とは明確に分離していった。ジュリアン・ティエルソによると、「芸術音楽は身分が高くて教養ある階級のものであるが、民衆の歌は農民のものであった……」。東洋と同様に独自の個性を持つことがなかったものの、西洋の民衆歌は社会的ないし文化的条件の影響を受けつつも典型的な様式を変化させなかった。その結果として西洋では民衆歌が過去からのあらゆる遺産と同じように、それぞれの国や地域さらには民族集団にとっての遺産の一部となった。

東洋つまりアラブ世界では、民衆レベルの歌や詩は古典的あるいは芸術的な音楽や詩とは異なる個性を保持しているが、両者の分離がいつ起こったのか、さらには本当にそのような分離があったのかさえ判断が難しい。

先述したとおりイスラームが興るとアラブ音楽の言語表現は、ビザンツ帝国とペルシアの古い芸術の影響を受けながら二方向に発展していったと思われる。カリフの宮廷、バグダード、ダマスカス、カイロ、コルドバといった大都市では、ベドウィンの原初的な歌からは一線を画した洗練された音楽が徐々に形成された。一方で農村に根をおろしたベドウィンの歌は、その土地の形式に同化していった。民衆歌は素朴さ、荒々しさ、純粋さを維持しながらも、都市における言語表現の発展からはとり残されて異質なものとなった。しかしながら日常生活に密着した民衆歌謡は、地方や町で話されている粗野ではあるが生きている言葉で表現された（ザジャルの例など）。こうして何百年もの時間をかけて文学と音楽における二言語変種併用状況が形成され、アラブ文化の特徴となった。

ただし、二言語変種併用状況とは言っても、二つの表現方法を区別する境界線は専門家にとってもあいまいであって確定は難しい。現在もなお、芸術的音楽言語と民衆的音楽言語は共存しており、全体としての調和を保ちながら混在している。興味深いことに今日のアラブ世界でも、このような相互浸透によって特殊な形式が出現する場合がある。一種のノスタルジーに駆られるかのようにベドウィンや田舎の伝承からインスピレーションを得ようとする古典派の芸術家もおり、砂漠や田舎に残された民衆音楽が注目されるようになった。このところ、ベドウィンの気風を伝えつつ言語表現としても高く評価されるフォークロアが再び流行しており、アラブ音楽の再生においては最も重要な現象の一つとなっている。

このような二種類の言語表現は、同一の起源から発したのだろうか？　アラブの歴史家や歴史研究者は芸術音楽と民衆音楽を漠然としか区別していないのだが、彼らの分析によると起源は一つということになっている。先述したとおり、アラビア半島における最初の音楽形式としては、ラクダ引きのヒダー（メロペ）が挙げられる。イスラーム以前には砂漠のフォークロアのさまざまな形式として、愛の歌であるガザル、風刺のヒジャー、賛辞のマドフ、戦争歌のハマース、女性用のジャンルとして葬式の哀歌リサーがあったこともわかっている。

最初期の音楽には、洗練されておりかつ民衆的であるという二つの側面があった。やがてイスラーム帝国の一部となった諸地域から流入した音楽的伝統と接触することで芸術性の高い音楽が創出された一方で、初期のベドウィンによるメロペはオリエントや地中海地域における民族集団や宗教的共同体との遭遇を通じて諸地域の歌と接触し、豊かな展開を見せることになった。

アラブの民衆歌謡については深入りしないでおこう。ここでは、アラビア半島における歌の本源（とされているもの）がシリア、カルデア、ヘブライ、ペルシア、トルクメニスタンなどにあったキリスト教系民衆歌謡と遭遇し、現在も相互に影響しあっているようだという点を指摘するにとどめたい。一般的に民衆歌謡では基本単位が原則として音節の数に基づいた詩節、または四行詩であるのに対し、古典歌謡では韻律法が定量的でカスィーダ全体の輪郭に合ったリズム上で長短の強弱アクセントを伴っている。この形式は、アラブ、アルメニア、クルド、トルクメニスタン、イランをはじめとする中東の民族集団で見ることができる。

芸術音楽と民衆音楽をめぐる二種類の言語表現については、起源の異同を論じる以前にそもそも両者間に境界線を引けるのかどうかという問題がある。両者は浸透しあっているため体系的な分類は困難であるが、起源をどこに求めるか、旋律的で詩的に表現された演奏をどう解釈するかについては何らかの基準を作って区別していく必要がある。

II　特徴

アラブの民衆音楽と芸術音楽は、アラブ・イスラーム世界における地理的あるいは文化的な地域性を基本的な特徴として、ある程度まで共有している。本質的にアラブの民衆音楽は単旋律であり、古典的多声音楽とは対立する構図になっている。もっとも、アラブ民衆音楽のなかには自然発生的な一種の多声音楽もあるのだが、民族音楽学者はこれがアラブ民衆音楽に属するものとは考えてこなかった。たとえばビザンツ様式の持続音のためのペダル、器楽や声の低音域多用にはパラフォニー〔異音性。ヘテロフォニーと同義〕、より一般的にはヘテロフォニー〔多声性。同一旋律を同時に奏する際、両声部がわずかの差異を生むこと〕がしばしばみられるし、古風な和声も散見する。オマーンをはじめとするアラビア半島南東部では豊かな民俗知が民族的な伝統として維持されており、真珠採りの漁師たちの歌には多声に基づいた古風な形式が少なくない。これらの歌では、カノン、対位法的に重なりあうメロディーライン、独唱によるメロペを合唱に重ねることなどが見られる。ここには新しい要素が多く含まれており、アラブ的なものを表現する民衆音楽についてのよい研究素材となるだろう。

民衆歌謡では、古典的ギナーに見られるような自然音階や一音と半音のあいだに半音よりも小さくて感知できないような音をいれることもあるのだが、芸術音楽がもつ調性や旋法法則はまったく用いられない。民衆音楽は明らかに旋法的であるにもかかわらず、マカームの規則には従わない。最も古風な形式であるプサルモディア〔詩篇唱〕またはベドウィンのメロペは本質的には三主音的であるとみなすことができ、三度の音程内にメロディーのテッシトゥーラ〔声域／音域〕が含まれている。しかしながら民衆音楽における歌謡では体系的な長調／短調の区別があるわけではなく、双方のあいだに位置する場合を除くと適宜どちらかになる。この基本的な三度に、一つか二つの装飾的な音が継ぎ木される。した

［図 11］

がって、旋律は四度かせいぜい五度の音域で展開される。この四度または五度は、古典的なマカームを特徴づけるテトラコルドの連続とはまったく異なっており、ある種の民族音楽に見られるペンタトニック・スケール（五音音階）とも違ったものだ。この四度または五度による音楽は、特定の音階に属する独立した五度を形成しながら、継続的な関係性によって構築される。ただし、音楽用語として通常使用する意味で、アラブ世界の南東地域におけるペンタトニックの事例を検証する必要がある。ちなみに、これらの事例は主にアフリカ起源のアラブ系音楽家集団のものである。［譜例：図11］

民衆音楽は芸術性の高い歌謡（コーラン朗誦、アザーン、モスクの歌、特定のメロペ）と同じように基本的には声楽曲であり、メロペや詩を吟じるときのようにラバーブによる簡単な伴奏がつく場合もある。後述するように、踊りに付随する音楽のように複雑で明確な構成を持つジャンルの場合、古典楽器よりも豊かな音階を奏でる楽器が使われる場合もある。これについては後述しよう。このように民衆音楽は、古典音楽以上に踊りとの結びつきが深いといえるだろう。民衆音楽では特徴的なリズムやジャンルが見られることもあって、民衆音楽でのみで用いられる楽器も多い。

III　ジャンル

アラブ民衆音楽がもつ多様なジャンルについて詳細に述べていくと長くなってしまう。ここではアラブの民衆音楽には、世界のフォークロアと共通するものを見いだせるとだけ述べておこう。これには子守唄、童謡、仕事歌、儀式などの社会制度にかかる歌、叙事詩、戦いの歌などが含まれる。

アラブ民衆音楽では歌における言葉と歌、つまり歌詞と旋律が構造的につながっており、この特徴は過去から現在にいたるまで変わることなく綿々と伝えられてきた。詩や聖歌の詠唱は今もなお古形を保っており、旋律が歌詞に介入するのは区切りや強調を明確にする場合に限られる。感性だけではなく記憶も旋律に影響されると思われるが、旋律が音声言語に対してどのような文化的役割を担っているかについては明らかになっていない。ただし、このつながりは不安定であり、踊りの音楽ではリズムが歌詞の役割を担っているために歌詞には補助的な価値しかない。詩をめぐるこのような歌の構造をもつ典型的なジャンルとしては、アラブ音楽の遠い起源つまりベドウィン的な素性をもつ歌までさかのぼることができる。

ベドウィンの遺産について。ベドウィンの音楽にみられるカンティレーションはアラブの古い歴史書でも言及されており、ベドウィンが今も演奏する伝統歌謡であるナバティーに受け継がれているという説が有力だ。現代のアラビア半島では、ベドウィンの言葉によるナバティーが詩の一形式となっている。ラバーブの伴奏がつくこともつかないこともあるが、ナバティー詩中には詩人《シャーイル》によるカンティレーションやメロペが出現し、マスフーブ（またはジャッラト・マスフーブ）と呼ばれる単一形式や歌による律動的な形式をとる。歌には三つのジャンル、すなわち戦いの歌であるハドゥー（フジェイニーとも）とアルダ、定住したベドウィンが祝祭時に歌うサムーリーがある。

a）ハドゥー

かつてはラクダ引きの歌であったハドゥー（古典語ではヒダー）は、戦いの歌の名称となった。十九世紀初頭にアラビア半島に赴いた著名なスイス人探検家のヨハン・ルートヴィッヒ・ブルクハルトは以下のように記している。「……アラブの戦いの歌は、ハドゥーと呼ばれる。……ある部族が敵に立ち向かうとき、最前列をつとめる騎馬隊にラクダ部隊が続き、棒、槍、鉄槌などで武装した徒歩のベドウィンが後衛となる。敵に近づいたら歩兵は足取りを速めて先を行く縦列に追いつくために走ることが多い。このとき、彼らはこのハドゥーを歌うのだ[1]……」。ブルクハルトによるとハドゥーは、砂漠の遠路を行くラクダ引きが歌い継いでいた。

（1）J.-L.Burckhardt, *Notes on the Bedouins and Wahabys*, 2 vol., London, H. Colburn and R. Bentley, 1831, pp. 86-87.

ラクダ引き本来のハドゥーの特徴は、半島全域のベドウィンが共有しているフジェイニーと呼ばれるジャンル中に残されている。ブルクハルトはベドウィンの代表的な恋愛歌としてこれを紹介しているが、実際にはハドゥーのテーマは多岐におよんでおり、詩人は自らの境遇や嗜好に応じて恋愛だけではなく武勲もテーマとした。フジェイニーの特徴となるのは、基本的には三分節からなる音節的な詩のリズムである。通常、フジェイニーには打楽器ではなくてラバーブの伴奏がつく。地方、部族、氏族ごとに特徴があり多くのバリエーションがみられる。

b) アルダ

ブルクハルトが記したベドウィンによるハドゥーの系統中、現代において半島全域のベドウィンと定住民の双方がもつ詩や音楽の伝統については別ジャンルに属するものとして扱うべきだろう。アルダがこれにあたる。

西洋の旅行家や探検家だけではなく現代のアラブ人たちも、アルダとはアラブ人の代表的な戦いの歌であると記している。このような一般的なジャンル分けによる分類は、おそらくは二十世紀初頭における演奏時の動作や武器の使用から想定されたのだろうが、やがてアルダの役割は時代の流れに沿って変容することになった。現在では、伝統的な刀、盾、銃に代わって棒が用いられる。武器が登場する場は限られており、上流層の一族が集う大宴会、あるいは歌手と若者たちのグループが集まるアラーダと呼ばれる盛大な演奏パレードくらいになった。勝者と敗者を示す振り付けは、向かい合った二列の歌い手が近づいては離れるダンスの動きだけである。旋律や歌詞にしても気分を高揚させるにはほど遠い。歌のリズムは総じてゆったりとしていて戦士を鼓舞するような特徴は見られず、むしろ宗教的な懇願を彷彿とさせる。歌詞のいたるところには戦いや英雄への賛辞が見いだせるがアッラーへの祈りの場合を例外として、ほとんどの場合は苦難に対する個人的感情を吐露したものとなっている。

c）サームリー（複数形は、マサーミル）

サームリーはベドウィン文化の特徴となっている。本来、サミールという言葉は砂漠でよく開かれる夜の集いを盛り上げていた詩人や歌手を指していたらしい。

このような詩と音楽による夜会は族長か有力者のマジュリス〔部族の主たるメンバーが集まる会議〕で催されることになっており、ベドウィン諸部族と交流した人びとを通じてアラビア半島に広まるとテント生活をする人びとによって長く受け継がれてきた。

十九世紀の旅行家数名が記しているように古い伝承によると、サームリーは祝祭であって女性の歌で構成される。「女たちは夜になると近くのテントの裏の一角に集まる。彼女たちは二組に分かれて合唱し、それぞれの組は六人、八人、あるいは十人で構成されている。一方の組が音頭をとって歌うと片方の組が復唱し、それが交替で行われる……」。興味深いことにここでは聖務日課の応唱聖歌集にみられる歌唱の様式、つまり最初のコーラスが各々の詩句を五回から六回繰り返し、もう片方がそれを引き継いで最後の詩句をリフレインする様式がみられる。ちなみに、族長や英雄の名前が含まれることもある。

やがてサームリーは女性が独占するものではなくなり、若い男性や男女の混成グループでも演奏されるようになった。さらに踊りのようなリズム感のある動作を伴うようにもなった。

サームリーは、アラビア半島の南部からシナイ半島東部に暮らすベドウィンのあいだで最も広まった音楽詩のジャンルとみなされてきたが、ブルクハルトの証言によればマグリブにもサームリーの例が見つかっており、ベドウィンが活動した全地域で存続している可能性がある。伝統的な暮らしを送っているベドウィンのサームリーには、部族や地域ごとにさまざまな様式の旋律やリズムがあり、「それらを歌う方法はそれぞれの部族によってまちまちである」。

各地に残されている口伝によると、サームリーの起源はサウジアラビアだという。ワーディーッダワーシルに暮らすダワーシル部族に属するベドウィンが海岸に沿って定住していき、この伝承を湾岸諸国に広めたらしい。しかしながらこの伝承は、サームリーという一ジャンルだけではなくこれに類似した歌、詩、リズムにはば広くあてはまる。十九世紀以来今日でも、地理的な違い、あるいは社会集団や民族集団の違いにより、少なくとも旋律とリズムの形式においては実に多様なサームリーが存在しており、都会的な嗜好にあわせてサームリーを変えていこうとする詩人や作曲家もいる。

これらに共通する基本要素としては、集団による演奏方法、特徴的なダンスの動作といった過去の旅行家が実見して報告した集団性に関するものが挙げられる。

アラブ的表現形式として民衆歌謡を支配する詩と旋律の関係を単純化して考えてみると、明確に二つのカテゴリーに分けることができる。

1）「長い」歌としか表現できないもの。一般的にこの歌は、長い韻律と不明瞭でしばしば不安定なリズムに沿って詩句が展開していく。基本的にこのジャンルでは西洋音楽の方式で刻まれるテンポは見られず、旋律におけるメリスマと自由リズムの使用が特徴となっている。伴奏なしでソロで演奏されることがほとんどであり、せいぜいラバーブやナーイ〔原文は「葦製の縦笛」〕といった古風な楽器が並奏するのみである。この旋律は伝統的定型の枠外にあるために即興が広く許容される。

2）「音節的」な歌と呼べるものとその文学的な形式。典型的な節《せつ》構造、つまり短くはっきりと拍子を際立たせたリフレインが特徴となる。この旋律はいきいきとしたリズムによって特徴づけられ、フィオリトゥーラ〔装飾音〕またはメリスマは使用されない。

このカテゴリーはもともとは踊りを盛り上げるためのものであり、ダブカまたはダブケという形式のジャンルがよく知られている。アラビア半島ではラドハと呼ばれる。男性の集団（女性が参加する場合もある）が互いに腕や手を組んで、規則的なリズムでステップを踏む。

つけ加えておくと、これら二つのカテゴリーの境界はあまり明確ではない。自由なメリスマ的ジャンルやはっきりした音節のジャンルを混ぜ合わせた歌も存在する。そのために、レチタティーヴォ、母音唱法による長台詞《ぜりふ》、際立ったリズムによる節《せつ》が続く歌との遭遇率が高くなる。

詩人《シャーイル》の演目をみると、その表現は本人の人生そのものと同じくらいに豊かで多彩である。

IV　テーマ

これらをテーマによって分類すると、周知のとおり恋愛詩が最も多い。あらゆるかたちの恋愛は、詩人にとって最高のインスピレーションの源泉となるのだが、まさに東洋的と表現できる羞恥心が聖なる領域にある内なる感情を包み隠してしまう。この感情を表現できるのはアラビア語のワリーフまたはウェルフという言葉のみであり、いかなる西洋語にもこれに相当するものはない。この言葉はあらゆる存在、場所、大切なものを意味しており、血縁関係や姻戚関係による家族、友人、愛する女性、一族や部族など至高の愛の対象となるものを指している。ベドウィンが伝えるアタ－バという詩があり、次の詩はシリア東部からイラク北部の砂漠地帯にいるジェブール部族〔ジュブール、ジャブールとも呼ばれる〕に伝わるものだ。

あなたのそばで二日を過ごし、馬を駆ってその胸を走り抜けた
わたしには一年の長さ、あなたが言うには二日の長さ、
この思いは時の流れを忘れるほど
馬上の騎士は両腕をつき、涙は頬を伝い落ちる
伯父たちよ、わが住まいから去るなかれ
わたしは寄る辺のない落人の身
友のキャラバンはハーブールを離れて去っていった
わがそばには苦悩の釘がうたれ、わたしは砂を嚙んだ
後を追えどもすでに遠くはなれ、乗るべき馬もない
ただひとりラクダを引いて道をたどり、ため息をついて孤愁に身を震わせる
行商人の声がしても立ちあがるのはわが身だけ
五体に傷はなくとも愛ゆえに斃《たお》れるだろう
旅人が集うガサブの谷では夜を徹して不寝番の声が響き、
友のキャラバンだけが見あたらない
友のキャラバンは跡を絶ち、わが光も消えてしまった

ここでは愛は決して幸せなものではない。民衆歌に見られるノスタルジックで哀歌ともいえるような調子は、オリエントの音楽における一般的な傾向の一つであると結論できるだろう。愛とノスタルジーの二つがアラブ民衆音楽の基調となる。砂漠という過酷で荒涼とした場所ではなく、生を謳歌する喜びに満ちた詩歌が生みだされたレバノンの穏やかな山中であったとしても事情は変わらない。オリエントの憂愁が民衆音楽と重なるとき、レバノンの山々に伝わる哀歌の一種マアンナは、ベドウィンのアターバとつながることになる。この歌の形式はより洗練されてはいるが質朴さを残している。しかしその素朴さには懐古主義的な甘美さが満ち溢れ、『エレミヤ哀歌』を思わせる雰囲気がなかったとしたら『雅歌』を詠んでいるような気分になる。

けがれなき夜を忘れたつれない乙女
あなたが去って友情の川も干上がった
あなたのワリーフが別離をもたらしたと知れば
あなたの瞼に眠気が訪れることはあるまい
医者たちは一体どれほどの針をわが身に刺したのか
お気楽なわがワリーフが知るはずもない

義の人ヨブはこれほど我慢強くはなかった
ヤコブは息子ヨセフのためにこれほど苦しまなかった
あなたの頰を何にたとえよう?
山に実るリンゴだろうか
あなたの波打つ髪を何にたとえよう?
野に咲くベロニカだろうか

わたしはガゼルを愛しみ育て、わが瞼と目のあいだに隠した
若さのあまり分別をなくす年ごろになると、
彼女はわたしの希望を持ち去って消えてしまった
雨を降らせる二月の雲を見たことがあるか?
段丘にテントをたてる者を見たことがあるか?
それこそが嘆きつづけるわたしのこころ
乳を忘れられずに泣く赤子のよう

哀歌的な調子は挽歌において頂点に達する。挽歌はもっぱら泣き女が歌う悲嘆の歌だ。泣き女は葬儀

のあいだ歌や詩のリズムの調子に合わせて派手に衣服を引き裂いたり、髪をむしったり、胸をたたいたりする。

詩人《シャーイル》の演目にはメロペや哀歌しかないわけではない。アラブの民間伝承のレパートリーとしては古代アラビア半島以来の伝英雄詩が依然として人気を得ており、剣の舞と結びついた戦いの歌は現在でもアラビア半島の大部分で好まれている。これがアルダであり、文字通りには（権力を）誇示するためのものだ。タブル（太鼓）によるリズムの合奏や兵士の一団が規則的にステップを踏むなか、銃剣による戦闘教練と危険な騎乗が行われる。詩句は飽くことなく繰り返され、著しく単純なメロディーに乗せて英雄や家門の栄光が歌われる。

ラクダに乗った男たちよ、どこから来てどこへ行くのか、誰が知ろう
良きことと悪しきこと、すべては見えるがまま
号令する長はおらず、奮いたたせるような武具もない

われらが滅びし後もわれらは君たちのもの
われらの槍はどれだけの男を倒しただろう？
どれだけの騎士を打ちのめしただろう？

わが手より平和を受けし人に幸あれかし

勇気と愛を謳いあげる騎士道のテーマは、詩人《シャーイル》のおはこだった。

ラクダを駆けさせたときのことを話そう
遠く、日が落ちて朝が白むころまで、
進むも危うい砂漠をいくつも横切った
獣たちは獰猛になり、ベドウィンは発ったあとだった

夜になり、真水が流れる小川のオアシスを見つけると
遠くには輝く《ラミア》の光
これこそ迷える恋人たちを導く光

ベドウィンのアルダは都市住民のあいだにも広まり、首長への賛辞という役割を保ちつつ現代風に改変された。その好例が次の《ダマスカスのアラーダ》である。

丸い飛行機が我々の頭上にやってきた
二つの翼と一つの尾
アブー・サーレムは強国相手に戦さをおこし
カンジャルで戦車を攻撃した。
メス猿の息子らよ
妻を売って銃を買え
妻よりも銃が大事
戦さになれば銃が苦しみを癒やしてくれる

結婚式の歌には詩による絵画的創造力と刹那的な感情のほとばしりがあり、至高の民衆的表現と言えるかもしれない。結婚式の歌には、東洋の女性がよくやる甲高い叫びや首振り、新婦への熱狂的な賛辞がつきものであり、民衆音楽がアラブ社会に深く根づいていることを示している。なかでもシリアのザラーギートには大げさな誇張が見られる。

装いこらした処女が現れますように！
香炉をもってきて、家に新婦を連れてこい！

シャンデリアと大蠟燭を掲げよ！
新郎は星、花嫁は美しき明星

花嫁は赤と白の木綿のドレスをまとい
麝香《じゃこう》の香袋が匂いたつ

この世に彼女ほどの花嫁はいないと言っただろう？
花嫁こそは東洋の明星、新郎は明星を追う星

普遍的な人間の運命に固有の憂愁と喜び、涙と笑い、郷愁と熱狂。アラブの民衆音楽は、こういったものをいきいきと伝えるためのものだ。アラブの民衆歌謡は詩人《シャーイル》によって紡がれながら、言葉と音楽が一体となった表現のなかで過去と現在を混ぜ合わせながら、民衆本来の芸術を創造していくための坩堝《るつぼ》となる。

第五章　楽器

アラブの歌は、古くからの文明とイスラームが接触することで生じた要素から影響を受けてきたが、アラブの楽器が受けた影響はさらに大きなものだった。この点については古い時代のアラブの歴史家たちも同意見だった。彼らは聖書の長老たち、つまりカイン、レメク、トバルカンに楽器の起源を求めようとした。

イスラームは豊かな文明をもつ古い大国をまとめながら帝国を形成し、広大な領土内では文化や芸術が密接に交流した。アラブの音楽と楽器はこの新たな文明から多大な恩恵を受けたと思われる。楽器はアラブ・イスラーム世界の遺産となっただけではなく、国境をはるかに越えて遠国まで達した。たとえばウード（リュート）は、ヨーロッパはもちろんイスラーム圏内のアジア・アフリカに伝わり、ムスリムであるかどうかにかかわらず使われるようになった。アッシリア起源と思われる小型の片面太鼓〔フランス語原文は「バスク風太鼓」で、小型タンバリンの総称〕ドゥッフは、イスラーム以前のアラビア半島では女性のダンスに使われていたが、スペインのダンサーが盛んに用いるようになるとオリエント世界となじみの深いヨーロッパでも使われるようになった。中央アジアに起源があると思われる古い擦弦楽器のラバーブは、ベドウィンの詩人《シャーイル》には欠かせないものとなり、やがてジャワのガムランでも使われるようになった。

イスラーム世界の中心、なかでも地中海沿岸諸国では芸術家のコミュニティが形成された事情もあって、アラブ・イスラーム文明と密接に結びついたトルコ、イラン、中央アジアでは異なった名称で呼ばれたり、程度の差はあるものの独自の様式で演奏されたりする楽器もある。このような多様性はアラブ世界の中心でも見られ、同じ楽器が別の名で呼ばれていることがあって楽器学の専門家を混乱させる。伝統楽器と民衆楽器はしばしば安易に同一視されるため、混乱の度合いが深まってしまう。実際にはこれらの楽器のあいだにはある種の区分が存在し、たとえば民衆的な儀礼にウードを取り入れようとする動きがあっても、民衆レベルでは独自の楽器に固執する。オマーンの湾岸地方やアラビア半島の南部地域では細かく決められた型があり、芸術音楽に比べて多様で豊かな音階をもっている。

こうした区分に考慮する必要はあるが、歴史書に記されている楽器の多くは現在ではまったく使われていないこともあり、以下では主要な楽器のうちで現在も使用されているものだけをとりあげよう。

I　古典音楽の楽器

1　弦楽器

A）ウード（リュート）〔luth（リュート）はウードにアラビア語の定冠詞アルがついた形のal-ʿūdが変化したもの〕

古典および現代のアラブ芸術音楽における楽器の王者であり、その象徴的な存在である。

ウードとはアラビア語で「棒」あるいは「しなやかな棒」を意味している。その歴史は遠く古代文明までさかのぼり、楽弓に由来している。起源が古いこともあり、イスラーム以前のアラブのウードが初期段階にどのような形だったかを解明するのは難しいのだが、皮を張った箱と長い棹が付いた弦楽器があり、歌の伴奏に用いられていたことがわかっている。[1] ミズハルと呼ばれていたこの楽器がラバーブの古形なのか、タンブーラなのか、あるいは後にイスラーム世界に出現したウードの原型なのかは定かではない。アラビア半島におけるアラブ音楽の典型的な楽器ウードは、ペルシアの影響下でアラビア半島に導入されたらしい。ウードは当初は三本、後に四本になった二重の弦をもち、長い棹が伸びている。中世以降にスペインを通じてヨーロッパじゅうに広がり、さまざまな変化を経て現在の形となった。

ウードは、大きく張り出した洋ナシ型の木の箱から成っている。楽器の形状にもよるが、台には二つないし三つの薔薇模様の透かし彫りがある。制作の工程は、三大中心地であるダマスカス、バグダード、カイロごとにかなり異なっているが、棹の上部が後ろに曲げられるようになっていて二重の弦をここで締める。弦の数は通常は五本であり、現在では最初の二本は金属製、他の三本は伝統的なガット弦からナイロン製に変わっている。最初の弦は全音であり、後は四度ずつに調律される。たとえばソーラーレーソードとなる。

この順番は演奏家の好みによって異なるようだ。

弦はプレクトラム（爪）ではじかれる。かつては鷲の嘴《くちばし》だったが現在はプラスチック製になっておウードはアラブ伝統音楽の王様のような存在であり、芸術的な歌曲やときには大衆歌の伴奏、さらにはオーケストラでも使用されるが、特にタクスィームにおいて重要な役割を担う。タクスィームは即興演奏であり、マカームにおいてはウードの実力がいかんなく発揮される。

ウードの仲間としてそれほどは広く使用されてはいないが、二つの楽器をとりあげておこう。タンブールまたはタンブーラ(2)とブズクである。

---

(1) さらにイエメンの首都サナアでは、ミズハルを想起させるウードがある。このウードは現在では廃れてしまって、わずかしか残っていない。

(2) 〔訳注〕タンブール〜タンブーラやラバーブ〜ラバーバのようにアラビア語の楽器名には、語末が母音の/a/で終わるものとそうでないものがよく見られる。基本的に同じ楽器を指しており、前者はその種類としての→

B）タンブール（タンブーラ）

タンブールは、記録に残るイランの古形ウードに似ており、洋ナシ型の胴に長い棹がついている。金属製の弦をはじいて音を出す。主にトルコとクルディスタンで使用されるがアラブ世界ではシリア東部、イラク北部などクルディスタンに近接した地域でしかみられず、民衆のための楽器となっている。アラブ系シリア人の芸術家のあいだでは、ブズクと呼ばれるタンブールの変種が使われている。

C）ブズク

おそらくはクルドかトルクメニスタンに起源をもつタンブールの一種であり、二重になった二本ないし三本の弦を爪ではじいて演奏する。シリア人の演奏家（最も有名なのは、現在活躍中のアフマド・アブド・アルカリームであるが、ヨーロッパでは、録音の影響でジプシー出身のレバノン人であるムハンマド・マタルの方がよく知られている）の場合、古典歌曲、特に古典マカームにおけるタクスィームでこの楽器を使用する。

アラブの人たちのあいだでは、古典楽器の典型的な弦楽器であるカーヌーンがウードに負けない人気を誇っている。

D）カーヌーン

カーヌーンという言葉は、「法則」を意味するギリシア語に由来する。ツィターの古い系統に属し、中世ヨーロッパではカノンあるいはミカノンという名前で広まった多弦楽器にあたる。楽器の本体は台形の木箱であり、三本ごとにまとめられた七十二本の金属弦を指輪のように人差し指にはめた二つの爪を使って演奏する。演奏の際には、楽器を膝の上に乗せるか、架台の上に水平に置く。全音階で大体四オクターブに調律され、弦は頭の糸巻き（ミフターフ。複数形がマファーティーフ。鍵のこと）に取り付けられている。これにより四分の一音や四分の三音を出すことが可能になる。

ウードに比べると金属的で明瞭な音を出すカーヌーンは、ウードと同じくタクスィームやオーケストラでも使用される。しかし、民衆歌謡ではめったに使用しない。

ほかにも、カーヌーンから派生した楽器として、サントゥールがある。これは「プサルテリウム」（ツィター型の撥弦楽器。ハープシコードの前身）の一種であり、水平な弦を二つのスティックで叩いて演奏する。イラクとイランでは使われているが他のアラブ諸国ではもはや使われていない。

これら二つの伝統音楽の楽器に加えて新顔も紹介しておこう。ケマンジェあるいはカマーンという楽器は、アラブ音楽を代表する前出の楽器とは競合関係にある。

→楽器を意味し、後者は個々の具体的な楽器を指すときに使われる。

E）ケマンジェまたはカマーン

十九世紀末にアラブ音楽のオーケストラに導入されたヨーロッパのヴァイオリンは、アラブ人たちのあいだではトルコ・ペルシアに起源を持つケマンジェという名で呼ばれている。この楽器は四度または五度で調整され、タクスィーム特有のフィオリトゥーラを演奏するための音を出すことができる。こうしてヴァイオリンはアラブの伝統の一部として（当代一の名人はシリア系エジプト人、サーミー・シャウワーである）、幸運にもアラブ音楽の枠内に組みこまれた。この楽器は古典歌曲だけでなく、大衆的な歌謡においても広まっている。

しかしながら、アラブのケマンジェはトルコやイランで使われている同名の楽器とは何の関係もない。トルコやイランのケマンジェはラバーブや中世のヴィエール（楽器を垂直にかまえる）と関係がある。

2 管楽器

古典音楽ではナーイが唯一の管楽器である。葦笛であるナーイの起源はウードよりもさらに古い。ナーイという言葉はペルシア語だが、マグリブを含むアラブ世界あるいは中東のイスラーム地域でもナーイと呼ばれている。トルコでは芸術音楽としてのオーケストラの楽器であり、旋舞する修道僧の教団としてよく知られているメウレウィー（メヴレヴィー）の音楽でも使われる。

ナーイの中は空洞で両端が開いており、表には通常六つ、裏には一つの穴がある。演奏者はこの笛を顔の前にもってきて上部の開口部から音が出るように、軽く前に傾ける。ナーイはオクターブ〔八度〕を同時に出すことができ、技法を駆使することでなめらかな低音から鋭い高音にいたるファイフ〔横笛〕を思わせるような旋律を演奏できる。

ナーイにはいくつかのタイプがあり、アラブの人たちのあいだでは、スッファーラとカスバ／ガスバと呼ばれるものが広まっている。後者は「葦」を意味する単語であり、現在もエジプトと北アフリカで用いられる。大きさや穴の数によっていろいろな種類があり、あるベドウィン部族が使う三穴のものは古形を伝えていると思われる。

オーボエやクラリネットと同じ楽器種に属する管楽器もほかにあるが、後述するように主に民衆音楽で用いられる。

3　打楽器

古い時代のアラブ史家によると、イスラーム以前の時代のアラビア半島では太鼓がリズムをとって歌やダンスの伴奏をしていたという。このような太鼓の役割は現在も変わっていない。民衆歌謡で使われる太鼓にはたくさんの種類があるが、芸術音楽でも使われる代表的なものを挙げておく。

A）ダラブッカまたはドゥルバッカ（ドゥルバッケ）

聖杯の形に似ており陶器製のものが中心だが、金属製のものもある。聖杯形の表面から細くなった首まで皮が張られている。アラブ音楽の複雑で厳格な規則に従って、中央の皮の部分と縁の部分を交互に叩いて強弱のリズムを刻みながら、はっきりした音と鈍い音を出す。ダラブッカは古典音楽だけでなく、民衆音楽でも使用される。

ダッフもほぼ同じである。

B）ダッフまたはドゥッフ（アラビア半島南部とマグリブにおいてはタール）

フレームのついた一枚皮の打楽器。縁には溝が刻まれており、複数の小さなシンバルがついている。垂直なポジションで使われ、中央を叩くか縁を叩くかに応じて、鈍い音とはっきりした音を出す。

C）ヌッケイラート

二つが対になった小型のティンパニー。水平に置いて二本の棒で叩く。前出の二楽器ほどではないが、ある種の古典的なオーケストラ曲で使用される。ダラブッカやダッフのように民衆歌謡でもよく使用される。

伝統的なアラブ芸術音楽のオーケストラは、これらの楽器によって構成される。楽器の種類は五ないし六であり（同一種の楽器を複数使用することもある）、現代的な構成にも登場する。

II　アラブ民衆音楽の楽器

民衆音楽に使われる楽器は芸術音楽の場合よりもバリエーションが多く、国ごとあるいは同じ国でも地方ごとに違う名前で呼ばれることがその一因となっている。ザムルに属する管楽器ではこの傾向が強く、国の違いや様式の違いによって、ミズマール、ザンムール、ズンマーラ、マースール、アルグール、ミズウエジュ〔ミズウィジュ／ミジュウエズとも〕などといった名前がつけられている。楽器学上の特徴に基づいてこれらの名称を正確に提示するには、体系的な名称リストを作成する必要がある。ここでは、現在も使われているものだけをとりあげる。

1　弦楽器

A）真にアラブ的な弦楽器と言えるのは、ラバーブ（ラバーバ）だけである。これはヴィエールの一種であり、胴体には羊の皮が張られている。中東地域に広まったベドウィンのラバーブは長方形、ジャワや日本に古くから伝わる「垂直ヴィエール」を思わせるエジプトのラバーブは丸い形をしている。弓で演奏され、ベドウィンが使う一弦のものは「民衆詩人のラバーブ」（ラバーブ・アッシャーイル）、馬のたてがみを使った二弦のものは歌手のラバーブ（ラバーブ・アルムガンニー）と呼ばれる。演奏時には垂直に持ち、チェロのように地面で支えることも多い。音域は限られていて一般的に五度を超えることはない。

B）（サハラ以南の）アフリカからの影響を受けたアラブ諸地域では、古い竪琴の一種である撥弦楽器タンブーラがある。エジプトではキタールあるいはスィムスィミーヤと呼ばれる。傾いた三角形の形をしており、丸い共鳴箱が付いている。金属製の弦またはガットの弦が結びつけられていて、五音音階で調律される。ただし、エジプトで用いられるスィムスィミーヤは全音階で調律されている。

2　管楽器

サハラ以南のアフリカとの境界地域、トルコ、オマーンでは、ナーイに似たものに加えて、オーボエやクラリネットの一種である管楽器が使用される。なかでもアラブ的と言えるのは、まちがいなくミズマール系の楽器である。

A）ミズマールまたはザムル
二重になった葦製のリード楽器。円柱形の管の端は円錐形をしており、小さなテント状になっている。前面には六つから八つの穴、背面には一つの穴が開いている。双管になることも多く、二つ目の管は低音管となる。エジプトまたはシリアではアルグールまたはミジュウェズ、湾岸諸国やオマーンではマースール、マグリブではガイタと呼ばれる。タブルという大太鼓の伴奏がつき、屋外で人びとが集まるときなどに演奏される。

B）スルナーイあるいはズルナ
インドあるいはイランを起源とし、近接するアラブ地域でもみられる。ヨーロッパのオーボエに非常によく似た形をしており、ミズマールとは異なり二重リードではない。二オクターブまでの音域を出すことができる。ミズマール同様屋外での祭りで使われ、タブルの伴奏とともに踊りを盛り上げるためのリズムをつける。

C）ジルベ
アラビア半島東部の民衆楽団で使用される。風笛に属するジャンルの楽器で、イラン起源と思われる。ジルベという言葉は「水袋」を意味する。上部に小さい葦の管がついており、音はスルナーイに似ているが、それよりも鋭い音が出る。ヘッバーンと呼ばれることもある。

3　打楽器

民衆的な感性によるリズム楽器と言えば、古典音楽の場合と同じく太鼓が筆頭にくる。民衆音楽の太鼓は豊かな多様性をもつ。民衆の集まる場面では、ダラブッカやダッフ以外にさまざまな種類のタブルがみられる。タブル〔タブラとも〕とは、二枚の皮を紐で張った太鼓の総称である。タブルを水平にして腰に結ぶか下に置き、一方の面を棒、もう一方の面を手で叩いてアラブ的なリズムの鈍い音と明瞭な音を出す。アラビア半島の東部と南部には大小さまざまな太鼓（打楽器）があり、小さなものはミルワースと呼ばれる。

風変わりな太鼓としては、アラビア半島東部で使われる陶器製の水の甕《かめ》（ジャヒッラ）がある。これをを叩いてリズムをとり、鈍い音を出すときは開口部の横の部分を手で叩き、明瞭な音を出すときは側面を叩く。

リズム楽器としては、スィンジュと呼ばれるシンバルを挙げておこう。現在では小さな金属製のシンバルを指に付けてカスタネットのように使うか、大きなシンバルを互いにぶつけあって音を出している。アラビア半島ではサージュ、エジプトではサーガートと呼ばれる。湾岸地域ではタンブーラの踊りでリズムを刻むために使われ、ヤギの蹄が付いた大きな腰巻状のマンジュールがある。これも明らかに打楽器と言える。

最後に、古今を通じて変わることなくリズムをとるのは手拍子だということを述べておこう。アラビア半島東部や南部では、民衆歌謡と同じく古典歌謡でも手拍子には複雑だが明確なルールがある。

＊＊＊

アラブ音楽の歴史に始まり、旋法や調性の体系、楽器について述べてきた結論としては次のように言えるだろう。アラビア半島で原初的な形態が形成されたアラブ音楽はイスラームの地で芸術としての発展を遂げた。そしてさまざまな古い文化遺産と接触し、アラビア語とイスラーム文明の刻印を受けながら変容した。その結果として築き上げられたものはイスラームの多様性を内包しつつ、アラブの個性を表現しようとしている。

訳者あとがき

本書は、Simon Jargy, *La musique arabe*, 1988.（Que sais-je?）（第三版）の翻訳である。初版は一九七一年に出版された。アラブ音楽の入門書として好評を博し、同ジャンルの本としては二万三千部以上を売り上げるベストセラーとなった。アラビア語訳も出版されている。一九七七年に第二版が出版され、一九八八年の第三版では一九七〇年代以降のアラブ音楽研究の進展にともなうアラブ世界各地域の現代音楽事情、フィールド調査に基づく民衆音楽に関する民族音楽的研究の成果が大幅に加筆されている。

著者のシモン・ジャルジー（一九一九―二〇〇一年）は、トルコのマルディンで生まれた。彼の生地は当時フランスの軍事占領下にある地域だったが、隣接するシリアのキリスト教文化の影響が色濃い環境で青年時代を過ごした。学業のためエルサレムにあったベネディクト派の施設に身を寄せ、レバノンのシャルフエにあったシリア・カトリックの神学校で学んだ。パリのÉcole Pratique des Hautes Études で学業を続け、一九五一年に『その起源からアラブの征服に至るまでのシリアの修道院制度』という論考で博士号を取得した。やがてアラブ世界の民衆歌謡に関心を向け、一九五四年から五五年、および五八年にフランス国立科学研究センター（ＣＮＲＳ）から派遣されてレバノン・シリア・イラクで調査を実施し、多くの民衆歌謡を収集した。その成果は、『中東アラブの伝統的民衆歌謡（*La poésie populaire traditionnelle chantée au Proche-Orient arabe*）』（Mouton, 1970）としてまとめられた。彼の代表作である同書には、フィールド調査で集めた民衆歌謡の歌詞テキストが翻訳とともに現地方言で記録されており、現在でもアラブ音楽の貴重な資料となっている。一九六四年にはジュネーブ大学のイスラーム学ならびにアラブ研究講座の教授になった。ジャルジーは民族音楽学の研究者であるとともに、中東世界の音楽をヨーロッパに紹介する活動をすすめ、本書でも触れられているように、世界的なウード奏者ムニール・バシールを西洋世界に紹介した。同書の出版後、ジャルジーはアラビア半島の音楽に関心を向け、フィールド調査で収集したデータをもとに『アラビア半島音楽集（*Anthologie musicale de la Péninsule arabique*）』（Genève, 1994）を出した。このアンソロジーは、①ベドウィンの歌謡、②真珠とりの音楽、③都市の音楽・ソート、④女性の歌謡を収録した四枚のＣＤから構成されている。またアラビア半島の国々を紹介する一般向けの書籍も出版している。

世界音楽史をひもとこうとするとき、中東世界の音楽への考察をないがしろにはできず、とりわけアラブ音楽の探究は欠かせない。アラブ音楽は世界音楽史の源流を形成しており、その出現に呼応して音楽文化は東流と西流をくりかえすようになった。

本書は、アラブ世界あるいは中東・北アフリカ地域で営々とはぐくまれてきた音《おん》文化の中でも音楽に焦点をしぼり、通史、特徴、近代的展開、楽器などの側面について、わかりやすく解説している。アラブ音楽の歴史、性格・特徴、近・現代の状況、フォークロア、楽器などについての簡潔な概説書としても、本書を一読することによってアラブ音楽の全体像を容易に把握できるだろう。

アラブ音楽についての専門書はすくなく、一般書の数も限られている。本書のようにアラブ音楽の歴史からときおこして音楽の構造にまでふれた一般向けの類書はない。著者はアラブ世界で育ったが西洋音楽とアラブ音楽の双方に造詣が深く、広い視点からアラブ音楽を考察できる立場にあった。本書では、ヨーロッパ・キリスト教世界とアラブ・イスラーム世界の接点という特殊な立ち位置からのアプローチが試みられており、西洋音楽の基準に拠った一方向的な解説とは一線を画している。また、アラブ文学史とのかかわりについても言及されている。第三版の刊行からすでに三十年が経過しているが、古代から現代にいたるアラブ音楽を俯瞰し、古典音楽（芸術音楽）から民衆音楽（民俗音楽、大衆音楽）までをも含む一つの文化現象を扱う総論としては、本書を超える概説書は書かれていない。

本書の翻訳あたっては岡本による下訳を西尾がフランス語原文と照合しながら修文した。アラブ音楽関連の記述ならびに音楽学の専門用語の訳語は水野が監修した。

先に述べたように、アラブ音楽を総合的にあつかった概説書は、あまり多くはみあたらない。本書をのぞけば、Habib Hassan Touma, *The Music of the Arabs.* (2003, Amadeus Press)〔英語初版は一九九五年。フランス語版は一九七七年の刊行〕は貴重な一冊である。以下に読書案内として、日本語で読める書籍を紹介しておく。

アラブ音楽概説書

飯野りさ著『アラブ音楽入門——アザーンから即興演奏まで』（二〇一八年、スタイルノート）
サラーフ・アル・マハディ著（松田嘉子訳）『アラブ音楽——構造・歴史・楽器学・古典39譜例付』（一九九八年、Pastorale 出版）
関口義人編『アラブ・ミュージック——その深遠なる魅力に迫る』（二〇〇八年、東京堂出版）

専門的な研究書

飯野りさ著『アラブ古典音楽の旋法体系——アレッポの歌謡の伝統に基づく旋法名称の記号論的解釈』（二〇一七年、スタイルノート）
西尾哲夫・堀内正樹・水野信男編著『アラブの音文化——グローバル・コミュニケーションへのいざない』（二〇一〇年、スタイルノート）
西尾哲夫・水野信男編著『中東世界の音楽文化——うまれかわる伝統』（二〇一六年、スタイルノート）

水野信男著『音楽のアラベスク――ウンム・クルスームの歌のかたち』（二〇〇四年、世界思想社）

その他のアラブ音楽文化に関する書籍

新井裕子著『イスラムと音楽――イスラムは音楽を忌避しているのか』（二〇一五年、スタイルノート）
中町信孝著『「アラブの春」と音楽――若者たちの愛国とプロテスト』（二〇一六年、DU BOOKS）

監訳者略歴
水野信男（みずの・のぶお）
東京藝術大学大学院修了。博士（文学）。民族音楽学。兵庫教育大学名誉教授。著書に『ユダヤ音楽の歴史と現代』（六興出版／アカデミア・ミュージック）、『音楽のアラベスク――ウンム・クルスームの歌のかたち』（世界思想社）、『地球音楽紀行　音の風景』（音楽之友社）、『中東・北アフリカの音を聴く』（スタイルノート）、編著に『民族音楽学の課題と方法』（世界思想社）、共編著に『諸民族の音楽を学ぶ人のために』（世界思想社）、『アラブの音文化』（スタイルノート、東洋音楽学会田邊尚雄賞）、『中東世界の音楽文化――うまれかわる伝統』（スタイルノート）など。

訳者略歴
西尾哲夫（にしお・てつお）
京都大学大学院文学研究科博士課程修了。文学博士。言語人類学・アラブ研究。人間文化研究機構・国立民族学博物館教授、総合研究大学院大学文化科学研究科教授。著書に『CD エクスプレス　エジプト・アラビア語』（白水社）、『アラブ・イスラム社会の異人論』（世界思想社）、『ヴェニスの商人の異人論』（みすず書房）、『世界史の中のアラビアンナイト』（NHK ブックス）、『アラビアンナイト』（岩波新書）、『100 分 de 名著　アラビアンナイト』（NHK 出版）、"Les Mille et Une Nuits et la genèse littéraire de l'Orientalisme au Japon" In Aboubakr Chraïbi ed. *Les Mille et Une Nuits en partage*. Paris: Sindbad、共編著に『アラブの音文化』（スタイルノート、東洋音楽学会田邊尚雄賞）など。

岡本尚子（おかもと・なおこ）
慶應義塾大学文学部文学科（フランス文学専攻）卒業、東京外国語大学大学院地域文化研究科博士前期課程修了、Université François Rabelais de Tours 博士課程修了。Diplôme de docteur de Lettres Modernes。フランス文学・フランス語圏中東地域文化研究。洗足学園音楽大学等フランス語講師、国立民族学博物館外来研究員。著書に *La critique musicale par trois écrivains : Romain Rolland, André Suarès, Jacques Rivière*, (Atelier national de reproduction des thèses, Thèse de doctorat de Lettres Modernes présentée à Université François Rabelais de Tours, octobre 2007)、"Debussy et la littérature ― autour de la critique musicale par Romain Rolland"『フランス語フランス文学研究』第 96 号など。

索引

(※アラビア語の転写については基本的に原著に従うが、明らかな誤植や間違いについては翻訳者の責任で修正した。また原著は三回再版されているが、索引については本文とのチェックが十分にされておらず、その点は原著を使用する際に注意すべきである。)

ア行

アアラジュ A'araj　82
アーイシャ 'Ā'isha　25
アクサク Aksak　82, 105
アザーン Adhān　24, 26, 90, 92, 135
アジャム 'Ajam　78, 81
アースィー・ラフバーニ 'Āṣī Raḥbānī　114
アズィーズ・シャウワーン 'Azīz al-Shawwān　112
アズハル al-Azhar　91, 101
アスル(複数形:ウスール) Aṣl (pl. Uṣūl)　77
アスワート Aṣwāṭ　41
アターバ 'Atāba　142, 144
アッザト・アルマイラ(アッザ) 'Azzat al-Mayla　28–30, 32, 33, 45
アッシャリーフ・ムヒッディィン・ハイダル al-Sharīf Muḥyyidine Ḥaidar　117
アッバース朝　29, 43, 56, 88, 94, 103, 114, 118, 121
アッラーフ 'Arrāf　13
アティーカ 'Atīqa　47, 48
アブー・アルファラジュ・アルイスファハーニー Abū al-Faraj al-Isfahānī　23, 44, 54, 77, 88, 120
アブー・バクル・ハイラト Abū Bakr Khaïrat　112
アブー・ムンズィル・ヒシャーム・イブン・アルカルビー Abū Mundhir Hishām Ibn al-Kalbī　20
アブダッラー・イブン・ジャアファル 'Abdallah Ibn Ja'far　27, 28, 31
アブダッラー・ムハンマド・アルファラジュ 'Abdallah Muḥammad al-Faraj　120, 121, 124
アブド・アッラウーフ・イスマーイール 'Abd al-Ra'ūf Ismā'īl　76
アブド・アッラフマーン二世 'Abd al-Raḥmān II　57
アブド・アルハムーリー 'Abdo al-Ḥamūlī　103, 104, 106
アブド・アルマリク 'Abd al-Malik　38
アブド・アルムウミン・アルバルヒー 'Abd al-Mu'min al-Balkhī　16
アブド・アルワッハーブ 'Abd al-Wahhāb　108, 109, 114
アフマド・アブド・アルカリーム Aḥmad 'Abd al-Karīm　154
アフマド・ザイダーン Aḥmad Zaydān　116
アミーン(カリフ) al-Amīn　52

アラーダ ʿArāḍa　138, 147
アーリマ（複数形：アワーリム）ʿĀlima（pl. ʿAwālim）　106
アルグール Arghūl　159, 161
アルクルアーン→コーラン
アルクルアーン・アルムラッタル al-Qur'ān al-Murattal　92
アルダ ʿArḍa　137, 138, 146, 147
アルフォンソ賢王 Alphonse le Sage　63
アルマズ Almaz　106
アルワリード・イブン・ヤズィード（カリフ）Al-Walīd Ibn Yazīd　39
アンダルシア　20, 57, 58, 63–65, 104, 106, 126
イーカーウ（複数形：イーカーアート）Īqāʿ（pl. Īqāʿāt）　64, 77, 82, 83, 105, 128
イーカーウ・アダニー Iqāʿ ʿAdanī　126
イザル ʿIzal　15
イスティスカー Istisqā'　95
イスティフターフ Istiftāḥ　126
イスハーク・アルマウシリー Isḥāq al-Mawṣillī　43, 46, 48–55, 57, 74, 77
イスバハーン Isbahān　81
イスマーイール（副王）Ismāʿīl（Khédive）　97, 103
イナーン ʿInān　46
イブラーヒーム・イブン・アルマフディー Ibrāhīm Ibn al-Mahdī　51–54
イブラーヒーム・アルマウシリー Ibrāhīm al-Mawṣillī　29, 43–48, 54, 55
イブン・アブド・ラッビヒ Ibn ʿAbd Rabbih　44
イブン・サイヤーバ Ibn Sayyāba　47
イブン・シーナー Ibn Sīnā　9, 64
イブン・ジャーミウ Ibn Jāmiʿ　51–53
イブン・スライジュ Ibn Surayj　29, 33–38, 50
イブン・ハズム Ibn Ḥazm　20
イブン・ハルドゥーン Ibn Khaldūn　58
イブン・ミスジャフ Ibn Misjaḥ　29, 33–36
イブン・ムフリズ Ibn Muḥriz　29, 33, 34, 36, 37
イラーク（マカーム）ʿIrāq　15
インシャード Inshād　13, 18, 90. 96, 101
ウスタ・アリー・アルアウワード Usta ʿAlī al-ʿAwwād　117
『歌の書』*Kitāb al-Aghānī*　23, 27, 28, 39, 44, 46, 49, 53, 56, 77, 120
ウッシャーク（マカーム）ʿUshshāq　15, 16, 75, 81
ウード ʿŪd　16, 30, 31, 34, 35, 42, 45–48, 57, 76, 96, 101, 115–117, 120, 121, 123–125, 150–156
ウマイヤ朝　27, 33, 43, 48, 57, 103
ウマル・イブン・アビー・ラビーア ʿUmar Ibn Abī Rabīʿa　29, 32, 33
ウライブ ʿUrayb　46
ウラマー ʿUlamā'　26, 89, 101
ウンム・クルスーム Umm Kulthūm　108, 109, 113
『黄金の牧場』*Prairies d'Or*　44

オクトエコス Octoechos 68
オマル・ハイヤーム Omar Khayyām 42
『音楽大全』*Kitāb al-Mūsīqī al-Kabīr* 22

カ行

カアバ Kaʿba 19, 25, 34
カイエム・ワ・ネスフ Kayem wa neṣf 85
ガイタ Ghaïṭa 161
カイナ Qayna 20, 28, 30, 33, 45–48, 106
ガザーリー al-Ghazālī 25
ガザル al-Ghazal 122, 132
カスィーダ Qaṣīda 34, 41, 42, 122, 125, 133
カスバ（ガスバ）Qaṣba（Gaṣba） 157
カッド（複数形：クドゥード）Qadd（pl. Qudūd） 94, 95
カッラ・ドゥ・ヴォー Carra de Vaux 99
カディーブ Qaḍīb 35, 38, 42
カトウ al-Qatʿ 64
カーヌーン Qānūn 30, 42, 96, 112, 154, 155
カーヒン Kāhin 13
ガマール・アブド・アッラヒーム Gamāl ʿAbd al-Raḥīm 112
カマーン Kamān 96, 115, 155, 156
カラール Qarār 73
カンテ・ホンド Cante jondo 69
『芳しき香り（ナフフ・アッティーブ）』*Nafḥ al-Ṭīb* 58
キタール Qithār 160
ギナー Ghinā' 35–39, 49–55, 90, 91, 94, 96, 108, 109, 116, 118, 123, 125, 126, 128, 134
ギナー・サキール Ghinā' Thaqīl 47
キラーア Qirā'a 90, 91
キンディー al-Kindī 64
クドゥード・ハラビーヤ Qudūd Ḥalabiyya 94
クルディー（マカーム）Kurdī 75, 78
ケマンジェ Kemanjeh 42, 96, 155, 156
ケマンチェ Kemantcheh 42, 96, 115
コーラン（アルクルアーン） 13, 24, 25, 36, 48, 90-92, 101, 135
コランジェット Collangettes, R.P. 83

サ行

サーイブ・カースィル Sā'ib Khāthir 28, 30
サウト Ṣawt 14, 120
サーガート Ṣāgāt 162
サキール Thaqīl 9, 35, 54, 77, 83
ザジャル Zajal 131
サージュ Ṣāj 162
サジュウ Sajʿ 13, 24
ザックス、クルト Curt Sachs 99
サヌアーニー Sanʿānī 125
サバ Ṣaba 80, 115
サバーフ・ファフリー Ṣabāḥ Fakhrī 96
サフィー・アッディーン・アブド・アルムウミン・アルウル

マウィー Ṣafī al-Dīn ʿAbd al-Mu'min al-Urmawī 74
サフガ Ṣafga 123
サマーイー Samāʿī 84, 104–106
サマーイー・サキール Samāʿī Thaqīl 84
サマーウ Samāʿ 91, 95, 123
サマーフ al-Samāḥ 95, 96
サマル Samar 90
サーミー・シャウワー Sāmī al-Shawwā 156
サーミー・ハーフェズ・モハメド Sāmī Ḥāfez Mohamed 112
サミール Samīr 139
サームリー Sāmrī 139, 140
ザムル Zamr 159, 161
ザラーギート Zalāghīṭ 148
サラーマ・ヒガーズィー（シェイフ）Salāma Ḥigāzī（Cheikh） 106, 107
サリーウ Sarīʿ 77, 125
ザール Zār 119
サルマーン・シュクル Salmān Shukr 117
サントゥール Sanṭūr 42, 115, 155
ザンムール Zammūr 159
シウル al-Shiʿr 13
シェイフ Cheikh 89, 90, 92, 96, 101, 106
シャイバ Shayba 31
シャーイル Shāʿir 137, 142, 146, 147, 149, 151
ジャハールガー（マカーム）Jahār-gah 75, 78, 115
ジャヒッラ Jaḥilla 162
ジャーヒリーヤ Jāhiliyya 13, 18, 25
ジャミーラ Jamīla 28, 30–33
ジャミール・バシール Jamīl Bashīr 116, 117
ジャールギー・バグダーディー Tchalghī Baghdādī 114, 115
ジョーザ Jōza 115
シリーン Shirīn 28
ジルベ Jirbeh 161
ジンス（複数形：アジュナース）Jins（pl. Ajnās） 71, 73
スィカー Sikāh 82
スィナード al-Sinād 20
スィムスィミーヤ Semsemiyya 160
スィヤート Siyāṭ 44
ズィール Dhīl 81
ズィルヤーブ Ziryāb 57, 58, 64
スィンジュ Ṣinj 162
スッファーラ Ṣuffāra 157
スッラム al-Sullam 71
スッラム・ギナーイー al-Sullam al-Ghināʾī 73
スーフィー 56, 67, 89–91, 95, 96, 101, 112
スライマーン・ガミール Sulaymān Gamīl 112
ズルナ（スルナーイ）Zurna（Surnāy） 161
ズンマーラ Zummāra 159
セーガー Sēh-gah 9, 75, 79, 81, 115
『千一夜物語（アラビアンナイト）』 30, 44, 120
ソート（サウトの方言系）Ṣōṭ 120, 122–125

タ行

ターイル Tāyir　84
タウク・アルムサッダル Ṭawq al-Mṣaddar　126
ダウル Dawr　104–107
タキーエ Takiyyeh　56
タク Tak　36, 38, 47, 82–86
タクスィーム Taqsīm　60, 90, 111, 112, 116, 117, 123, 153–156
タジュウィード Tajwīd　91, 92
タスリーム Taslīm　105, 115
ダッフ Daff　36, 37, 42, 82, 96, 115, 158, 162
ダナーニール　46
タバカ（複数形：タバカート）Ṭabaqāt（pl. Ṭabaqa）　71
タハリール Taḥrīr　115
タハンヌス Takhannuth　50
タブウ Ṭabʿ　17, 71
ダブカ（ダブケ）Dabka（Dabkeh）　141
タフリール Tahlīl　19, 25
タブル（タブラ）Ṭabl（Tabla）　16, 146, 161, 162
タラブ Ṭarab　19, 29, 32, 53, 121
ダラブッカ（ドゥルバッカ、ドゥルバッケ）al-Darabukka（Durbakka, Durbakkeh）　83, 158, 162
ダーリジュ Dārij　9, 84, 85
ダルウィーシュ（サイイド）Darwīshe（Sayed）　107, 108, 114
タルティール Tartīl　90, 92
タルビーヤ Talbiya　25
ダワーシル部族 Dawāsir　140
タンブーラ al-Ṭambūra　160
タンブーラ Ṭanbūra　42, 119, 152, 153, 154, 162
タンブール Ṭanbūr　16, 153, 154
チャハールガー（マカーム）Tchahār-gah　9
ティエルソ、ジュリアン Julien Tiersot　130
ディラール Dilāl　16
ティラーワ Tilāwa　90
ディワーニーヤ Diwāniyya　122
デルランジェ、ロドルフ Rodolphe d'Erlanger　73, 81, 99
ドゥーガー（マカーム）Dū-gah　75
ドゥッフ Duff　42, 150, 158
トゥバル Tubal　16
ドゥーベート Dūbēt　42
ドゥム Dum　36, 38, 47, 82–86
トゥワイス Ṭuways　33, 37, 38
ドゥンブク Dumbuk　115
トゥンブール Ṭunbūr　42
ドン・ジャナン Dom Jeannin　66
ドン・パリゾ Dom Parizot　66

ナ行

ナーイ Nāy　90, 96, 101, 115, 141, 156, 157, 160
ナウバ（ヌーバ）Nawba（Nouba）　57, 58, 106, 123, 126–128
ナウバト・アッズィール Nawbat al-Dhīl　127
ナウフ Nawḥ　35
ナグマ Naghma　72
ナシート Nashīṭ　28
ナシード Nashīd　58
ナスブ al-Naṣb　20
ナッカーラ（ヌッケイラート）

Naqqāra（al-Nuqqeyrāt） 115, 158
ナディーム Nadīm 44
ナバティー Nabaṭī 136, 137
ナハーワンド（マカーム） Nahawand 9, 75, 79, 105
ナブラ Nabra 52
ナワ（マカーム）Nawa 15
ノウルーズ Nowrūz 9
ノフト Nokht 84
ノフト・ヒンディー Nokht Hindī 84

ハ行

ハザジャート Hazajāt 58
ハザジュ Hazaj 20, 37, 38, 42
バシュラフ Basheraf 104–106, 126
バスィート Basīṭ 9, 58
パスタ Pasta 115
ハーディー（カリフ）Hādī 45
ハディース Ḥadīth 25
ハドゥー Ḥadū 137, 138
ハトム Khatm 86
ハフィーフ Khafīf 9, 42, 77
バフル Baḥr 77
ハマース al-Ḥamās 132
バヤーティー（バヤート）Bayātī (Bayāt) 79, 105, 115
バルウェル Barouel 86, 127
バルサウマ Barṣawma 49
バルトーク、ベラ Bela Bartok 99
バルバト Barbaṭ 42
ハールーン・アッラシード Hārūn al-Rashīd 44, 45, 48, 52
ヒジャー al-Ḥijā' 132
ヒジャーズ（マカーム）Ḥijāz 15, 29, 37, 75, 80, 96, 105, 115
ヒジャーズ（地名）Ḥijāz 27, 37
ヒジャーズ・カール（マカーム） Ḥijāz kārb 79
ヒジャーズ・カール・クルド（マカーム）Ḥijāz kār kurd 78
ヒジャーズィー（マカーム）Ḥijāzī 15, 81
ヒシャーム・イブン・アルミルヤ Hishām Ibn al-Mirya 35
ヒダー Ḥidā' 18, 19, 132, 137
ビラール Bilāl 25
ヒンデミット、パウル Paul Hindemith 99
ファイルーズ Fayrūz 113, 114
フアード一世 Fouad Ier 98
ファトフ Fatḥ 83
ファーマー Farmer, H.G. 22
ファーラービー（アルファラビウス）Al-Fārābī 9, 22, 64, 75
ファンヌ Fann 91
フサイニー（マカーム）Ḥusaynī 15, 115
フザーム Huzām 80
フジェイニー Hjeinī 137, 138
ブズク al-Buzuq 153, 154
ブスブス Buṣbuṣ 46
フダー Ḥudā' 18, 25, 38
ブタイヒー B'ṭayḥī 85, 86, 127
フッバーン Hubbān 119
フラース Khlās 85
ブルクハルト Burckhardt, J. -L. 137, 138, 140
ヘッバーン Hebbān 162

マ行

マアバド Maʿbad　33, 36–41, 44, 47, 51
マアムーン（カリフ）al-Ma'mūn　49, 52
マアンナ Maʿanna　144
マウリド（ムルード、マーリド）Mawlid（mouloud, mālid）　92
マウワール Mawwāl　96, 108
マカーム Maqām　9, 14–17, 41, 51, 57, 61, 68, 71–78, 81, 83, 87, 90, 94, 96, 99, 105, 110–117, 124, 126–128, 134, 135, 153, 154
マジュヌーン Majnūn　13
マジュリス Majlis　139
マスウーディー Masʿūdī　44
マスフーブ（ジャッラト・マスフーブ）Masḥūb（Jarrat Masḥūb）　137
マスムーディー Maṣmūdī　84, 105
マースール Māṣūl　159, 161
マダーイフ・ナバウィーヤ Madā'iḥ nabawiyya　91
マッカリー al-Maqqarī　58
マディーフ（複数形：マダーイフ）Madīḥ（pl. Madā'iḥ）　67
マドフ al-Madḥ　132
マブダ Mabda'　73
マフディー（カリフ）al-Mahdī　44, 45
マフブーバ Maḥbūba　46
マーフーリー Mākhūrī　47, 127
マラーキズ Marākiz　73
マルーフ Ma'lūf　127
マーワラー・アンナフライン Mawara' al-Nahrayn　15
マンジュール Manjūr　162
マンスール・ザルザル Manṣūr Zalzal　48, 49
ミウザフ Miʿzaf　42
ミシャルヤ Mishalya　126
ミズウェジュ（ミジュウェズ）Mizwej（Mijwez）　159
ミズハル Mizhar　16, 42, 125, 152, 153
ミズマール Mizmār　42, 159–161
ミナー Mina　19
ミフターフ（複数形：マファーティーフ）Miftāḥ（pl. Mafātīḥ）　155
ミヤーナ Miyāna　115
ミルワース Mirwās　123, 162
ムアーウィーヤ Muʿāwiya　34
ムアッジン Muezzins　90, 91
ムガンニー Mughannī　123, 124
ムクリウ Muqri'　91
ムサッダル Msaddar　86, 126
ムサッラフ Msarraf　127
ムースィーカ・ムタウワラ Mūsīqa Muṭawwara　111
ムタウワル Muṭawwal　125
ムタワッキル（カリフ）al-Mutawakkil　55
ムニール・バシール Munīr Bashīr　116–118
ムハッリカート Muḥarrikāt　58
ムハンマド・アリー Muḥammad ʿAlī　97
ムハンマド・アルクッバンジー Muḥammad al-Qubbanjī　116
ムハンマド・オスマン Muḥammad Osman　106
ムハンマド・ファトヒー

Muḥammad Fatḥī　100
ムハンマド・マタル Muḥammad Matar　154
ムラッバア Murrabbaʻ　84
ムワッシャフ Muwashshaḥ　58, 94, 95, 104–107, 111, 113, 122, 123, 126, 127
メウレウィー（メヴレヴィー） Mevlevi　89, 156
モラッバ Morabbaʻ　85

ヤ行

『唯一の首飾り』　44
ユークリッド Euclide　51
ユグロ、ミシェル Michel Huglo　65
ユースフ・ウマル Yūsuf ʻUmar　116

ラ行

ライカ Rayqa　28
ラシード・クンダラジー Rashīd Qundarajī　116
ラジャズ Rajaz　34, 42
ラースト Rast　9, 15, 16, 75, 79, 81, 105, 115
ラスド Rasd　81
ラスドゥッズィール Rasdu-dh-Dhīl　81
ラドハ Radḥa　141
ラバーブ（ラバーバ）Rabāb（Rabāba）　42, 135, 137, 138, 141, 151–153, 156, 159, 160
ラバーブ・アッシャーイル Rabāb al-Shāʻer　160
ラバーブ・アルムガンニー Rabāb al-Mughannī　160
ラフバーニ兄弟 frères Raḥbānī　114
ラマル Ramal　9, 36, 81
ラヤーリー Layālī（Yā Leil）　94
リサー al-Rithā'　132
ルクバーン Rukbān　20
『ルバイヤート』*Rubai'yāt*　42
レメク　16, 150

ワ行

ワースィク（カリフ）al-Wāthiq　50
ワリーフ（ウェルフ）Walīf（Welf）　142, 144

参考文献

1. 主なアラビア語原典

Abū al-Faraj al-Isfahānī, *Kitāb al-Aghāni (Le livre des chants)* : nombreuses éditions de plus de vingt volumes ; traductions partielles en langues occidentales. En français : E. M. Quatremère, dans *Journal asiatique*, Paris, 1835.

Al-Kindī (m. c. 870), *Risālat al-Kindī fi Khubr 'ṣinā' at al-Ta'līf (Epitre de Kindī sur l'art de la composition)*, dernière édition du D^r Yūsuf Shawqī, Le Caire, 1969.

Yaḥya Ibn al-Munajjim, *Al-Risāla fi al-Musīqa (L'épitre sur la musique)*, éd. Zakariyya Yūsuf, Le Caire, 1964.

Al-Fārābī (m. c. 950), *Kitāb al-Musīqī al-Kabīr (Le grand livre de la musique)*, traduction intégrale en français par R. d'Erlanger, *La musique alabe*, t. I, et II, Paris, 1930-1935.

Al-Ḥasan Ibn Aḥmad Ibn 'Alī al Khaṭib (XIe siècle), *Kamāl Adab al-Ghinā' (La perfection des connaissances musicales)*, trad. et commenté par Amnon Shiloah, Paris, 1972.

Safī al-Dīn 'Abd al-Mu'min al-Urmawī al-Baghdādī (m. 1294), *Kitāb al-Adwār (Le livre des modes musicaux)*, plusieurs manuscrits (dernière éd. arabe : D^r Ḥusain 'Alī Maḥfuẓ, Bagdad, Ministère de l'Orientation, 1961) ; trad. intégrale : R. D'Erlanger, in *Musique arabe*, t. III, Paris, 1938.

2. 研究書

アラブ古典音楽については、アラビア語による多くの研究書があるが、西洋語の文献を挙げる。

H. G. Farmer, *A History of Arabian Music to the XIIIth Century*, Londres, 1929, réédition 1967.

J. Rouanet, *La musique arabe* (dans *Encyclopédie de la musique* de Lavignac, Paris, 1912-1913).

R. d'ERLANGER, *La masique arabe*, 5 vol., Paris, 1930-1949.
Encyclopédie de la musique, Fasquelle, 3 vol., Paris, 1958.
Encyclopédie de la Pléiade : Histoire de la musique, Paris, 1960.
現代音楽と民衆音楽については次のものがある。
R. d'ERLANGER, *La musique arabe* (t. V).
S. JARGY, *Encyclopédie de la Pléiade : Histoire de la musique*, pp. 545-576.
S. JARGY, *La poésie populaire chantée du Proche-Orient*, t. I, Les textes, Paris, 1970.
Salah AL-MAHDI, *La musique arabe*, Paris, 1972.〔サラーフ・アル・マハディ『アラブ音楽』松田嘉子訳、パストラルサウンド、1998〕
J.-C. CHABRIER, La musique du Croissant fertile : Liban, Syrie, Irak, revue *Cultures*, vol. I, nº 3, UNESCO, 1974, pp. 37-59.
Habib H. TOUMA, *La musique arabe*, Paris, 1975.

3.楽器についての研究書

Jean JENKINS, Poul Rovsing OLSEN, *Music and musical instruments in the world of Islam*, Londres, 1976.
Sheherazade Qassim HASSAN, *Les instruments de musique en Irak et leur rôle dans la société traditionnelle*, Paris, Ecole des Hautes Etudes en Sciences sociales, 1980.

文庫クセジュ　Q 1026

アラブ音楽

2019年3月 1 日　印刷
2019年3月20日　発行

著　者　シモン・ジャルジー
監修者　水野信男
訳　者 ©　西尾哲夫
　　　　　岡本尚子
発行者　及川直志
印刷・製本　株式会社平河工業社
発行所　株式会社白水社
東京都千代田区神田小川町 3 の 24
電話 営業部 03 (3291) 7811 / 編集部 03 (3291) 7821
振替 00190-5-33228
郵便番号 101-0052
www.hakusuisha.co.jp

乱丁・落丁本は，送料小社負担にてお取り替えいたします．
ISBN978-4-560-51026-1
Printed in Japan

文庫クセジュ

芸術・趣味

88 音楽の歴史
333 バロック芸術
336 フランス歌曲とドイツ歌曲
377 花の歴史
492 フランス古典劇
554 服飾の歴史—古代・中世篇—
589 イタリア音楽史
591 服飾の歴史—近世・近代篇—
662 愛書趣味
683 テニス
700 モーツァルトの宗教音楽
703 オーケストラ
728 書物の歴史
750 スポーツの歴史
771 建築の歴史
772 コメディ＝フランセーズ
785 バロックの精神
804 フランスのサッカー
808 おもちゃの歴史
820 フランス古典喜劇
821 美術史入門
849 博物館学への招待
850 中世イタリア絵画
852 二十世紀の建築
860 洞窟探検入門
867 フランスの美術館・博物館
886 イタリア・オペラ
908 チェスへの招待
916 ラグビー
920 印象派
923 演劇の歴史
929 弦楽四重奏
947 100語でわかるワイン
952 イタリア・ルネサンス絵画
953 香水
969 オートクチュール
972 イタリア美術
975 100語でわかるガストロノミ
984 オペレッタ
991 ツール・ド・フランス100話
998 100語でわかるクラシック音楽
1006 100語でたのしむオペラ
1017 100語でわかる色彩

文庫クセジュ

歴史・地理・民族（俗）学

812 ポエニ戦争
813 ヴェルサイユの歴史
816 コルシカ島
819 戦時下のアルザス・ロレーヌ
831 クローヴィス
842 コモロ諸島
856 インディヘニスモ
857 アルジェリア近現代史
858 ガンジーの実像
859 アレクサンドロス大王
861 多文化主義とは何か
865 ヴァイマル共和国
872 アウグストゥスの世紀
876 悪魔の文化史
879 ジョージ王朝時代のイギリス
882 聖王ルイの世紀
883 皇帝ユスティニアヌス
885 古代ローマの日常生活
889 バビロン
890 チェチェン
896 カタルーニャの歴史と文化
898 フランス領ポリネシア
902 ローマの起源
903 石油の歴史
904 カザフスタン
906 フランスの温泉リゾート
913 フランス中世史年表
915 クレオパトラ
918 ジプシー
922 朝鮮史
925 フランス・レジスタンス史
928 ヘレニズム文明
932 エトルリア人
935 カルタゴの歴史
938 チベット
939 メロヴィング朝
942 アクシオン・フランセーズ
943 大聖堂
945 ハドリアヌス帝
948 ディオクレティアヌスと四帝統治
951 ナポレオン三世
959 ガリレオ
962 100の地点でわかる地政学
964 100語でわかる中国
967 コンスタンティヌス
974 ローマ帝国
979 イタリアの統一
981 古代末期
982 ショアーの歴史
986 ローマ共和政
988 100語でわかる西欧中世
993 ペリクレスの世紀
995 第五共和制
1001 第一次世界大戦
1004 クレタ島
1005 古代ローマの女性たち
1007 文明の交差路としての地中海世界
1010 近東の地政学
1014 『百科全書』

文庫クセジュ

哲学・心理学・宗教

576 キリスト教思想
592 秘儀伝授
594 ヨーガ
680 ドイツ哲学史
708 死海写本
722 薔薇十字団
733 死後の世界
738 医の倫理
739 心霊主義
751 ことばの心理学
754 パスカルの哲学
763 エゾテリスム思想
764 認知神経心理学
773 エピステモロジー
778 フリーメーソン
780 超心理学
789 ロシア・ソヴィエト哲学史
793 フランス宗教史
802 ミシェル・フーコー
807 ドイツ古典哲学
835 セネカ
848 マニ教
862 ソフィスト列伝
866 透視術
874 コミュニケーションの美学
880 芸術療法入門
892 新約聖書入門
900 サルトル
905 キリスト教シンボル事典
909 カトリシスムとは何か
910 宗教社会学入門
914 子どものコミュニケーション障害
931 フェティシズム
941 コーラン
944 哲学
954 性倒錯
956 西洋哲学史
960 カンギレム
961 喪の悲しみ
968 プラトンの哲学
973 100の神話で身につく一般教養
977 100語でわかるセクシュアリティ
978 ラカン
983 児童精神医学
987 ケアの倫理
989 十九世紀フランス哲学
990 レヴィ＝ストロース
992 ポール・リクール
996 セクトの宗教社会学
997 100語でわかるマルクス主義
999 宗教哲学
1000 イエス
1002 美学への手引き
1003 唯物論
1009 レジリエンス
1015 100語でわかる子ども
1018 聖なるもの
1019 ギリシア神話シンボル事典
1020 家族の秘密